POLYGLOTT

CHINA

ON TOUR

DER AUTOR

ERIK LORENZ

reiste schon während seiner Schulzeit nach China. Später studierte er in Hongkong und erkundete das Reich der Mitte ausgiebig. Er ist u. a. Autor von Reisereportagen und Reiseführern, Herausgeber der Länderreihe »Wie wir es sehen« sowie Gründer bzw. Moderator des Onlinemagazins und Podcasts »Weltwach«. Mehr unter www.Erik-Lorenz-Autor.de.

Die Bearbeitung des vorliegenden Bandes übernahm **Wolfgang Rössig**.

Unser E-Book-Code zur elektronischen Erweiterung des POLYGLOTT on tour. Das kostenlose E-Book enthält die im Reiseführer aufgeführten Adressen entlang der Touren, beispielsweise zu Essen und Trinken, Shoppen, Aktivitäten und Hotel-Tipps. Links auf einen externen Kartendienst vereinfachen das Auffinden dieser Adressen.

WWW.POLYGLOTT.DE

6 TYPISCH

8 China ist eine Reise wert!
11 Was steckt dahinter?
12 50 Dinge, die Sie ...
183 Meine Entdeckungen
184 Checkliste China

20 REISEPLANUNG & ADRESSEN

22 Die Reiseregion im Überblick
24 Klima & Reisezeit
25 Anreise
25 Reisen im Land
27 Unterkunft
175 Infos von A–Z
178 Register & Impressum

30 LAND & LEUTE

32 Steckbrief
34 Geschichte im Überblick
38 Natur & Umwelt
40 Die Menschen
42 Philosophie & Religion
46 Feste & Veranstaltungen
46 Kunst & Kultur
52 Essen & Trinken
182 Mini-Dolmetscher

SEITENBLICK

26 China persönlich
28 Natur
73 Moderne Architektur
80 Märkte
114 Nachtleben

ERSTKLASSIG

27 Charmant übernachten
44 Beeindruckende Tempel
52 Spezialitätenrestaurants
90 Vielfältige Märkte
124 Gratis entdecken
153 Fantastische Hochhäuser

ALLGEMEINE KARTEN

4 Übersichtskarte der Kapitel
32 Die Lage Chinas

REGIONEN-KARTEN

59 Peking & Umgebung
84 Xi'an & Umgebung
104 Shanghai & der Osten
130 Yangzi
136 Der Südwesten
150 Hongkong & der Südosten

STADTPLÄNE

65 Kaiserpalast
68 Peking
89 Xi'an
108 Shanghai
117 Hangzhou
125 Suzhou
141 Kunming
154 Central District, Hongkong
156 Kowloon, Hongkong
162 Kanton

SYMBOLE ALLGEMEIN

Erstklassig: Besondere Tipps der Autoren

Seitenblick: Spannende Anekdoten zum Reiseziel

12 Top-Highlights und

Highlights der Destination

54 TOUREN & SEHENSWERTES

56 PEKING
58 Tour 1 Peking in zwei Tagen
58 Tour 2 Peking in vier Tagen
60 Unterwegs in Peking

82 XI'AN & DER WESTEN
85 Tour 3 Xi'an & Terrakottaarmee
86 Tour 4 Xi'an & Umgebung
87 Unterwegs in Xi'an & im Westen

100 SHANGHAI & DER OSTEN
102 Tour 5 Ein Tag in Shanghai
103 Tour 6 Shanghai & Umgebung
104 Tour 7 Von Shanghai zum Yangzi
105 Unterwegs in Shanghai & im Osten

133 DER SÜDWESTEN
135 Tour 8 Bootsfahrt auf dem Li
135 Tour 9 Yunnan in einer Woche
137 Unterwegs im Südwesten

147 HONGKONG & DER SÜDOSTEN
149 Tour 10 Zwei Tage Hongkong
149 Tour 11 Erkundung des Perlflussdeltas
151 Unterwegs in Hongkong & im Südosten

169 EXTRA-TOUREN
170 Tour 12 China kompakt in 10–14 Tagen
171 Tour 13 China komplett in 3 Wochen
172 Tour 14 Auf den Spuren des Buddhismus in 3–4Wochen
173 Tour 15 Gärten zwischen Kunst und Natur in 3 Wochen

TOUR-SYMBOLE

- 1 Die POLYGLOTT-Touren
- 6 Stationen einer Tour
- A1 Die Koordinate verweist auf die Platzierung in der Faltkarte
- a1 Platzierung Rückseite Faltkarte

PREIS-SYMBOLE

	Hotel DZ	Restaurant
€	bis 700 Yuan	bis 80 Yuan
€€	700 bis 1200 Yuan	80 bis 150 Yuan
€€€	über 1200 Yuan	über 150 Yuan

ZEICHENERKLÄRUNG DER KARTEN

(orange frame)	beschriebene Region (Seite = Kapitelanfang)
10 E h	Sehenswürdigkeiten
4	Tourenvorschlag
	Autobahn
	Schnellstraße
	Hauptstraße
	sonstige Straßen
	Fußgängerzone
	Eisenbahn
	Staatsgrenze
	Landesgrenze
	Nationalparkgrenz

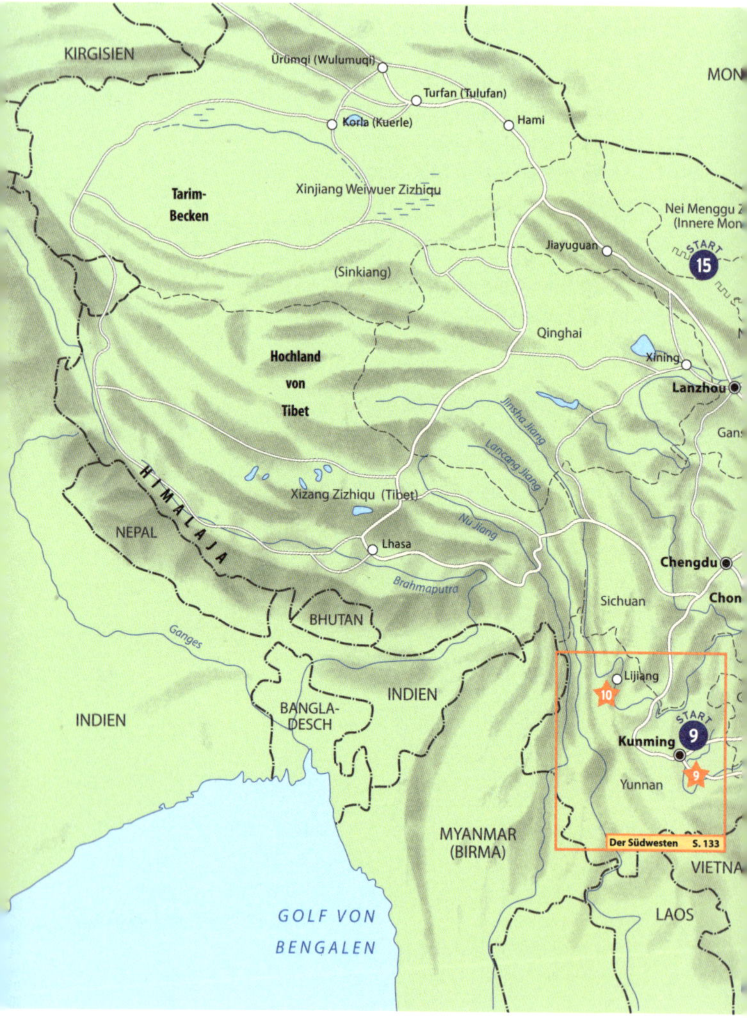

Perfekte Planung > Parallel vordere Klappe aufschlagen

TOP-12-HIGHLIGHTS

1 KAISERPALAST, PEKING > S. 62
2 GROSSE MAUER BEI BADALING > S. 79
3 ALTSTADT, XI'AN > S. 88
4 TERRAKOTTAARMEE BEI XI'AN > S. 94
5 LONGMEN-GROTTEN BEI LUOYANG > S. 98
6 THE BUND, SHANGHAI > S. 107
7 WESTSEE, HANGZHOU > S. 116
8 GARTEN DES VERWEILENS, SUZHOU > S. 125
9 STEINWALD BEI KUNMING > S. 143
10 TIGERSPRUNGSCHLUCHT BEI LIJIANG > S. 146
11 WESTERN DISTRICT, HONGKONG > S. 154
12 GUANGXIAO-TEMPEL-KANTON > S. 163

Wer den Westsee in der Teestadt Hangzhou umwandert, kann sich in Pavillons und Tempeln ausruhen

TYPISCH

CHINA IST EINE REISE WERT!

Im drittgrößten Staat der Welt werden Vielfalt, Weite und Größe neu definiert. China ist ein Land mit atemberaubenden Landschaften und überwältigenden Sehenswürdigkeiten. Ein Land, in dem der Kontrast zwischen Tradition und Moderne überall erlebbar ist.

Der Autor des Typisch-Kapitels **Erik Lorenz** reiste schon während seiner Schulzeit nach China. Später studierte er in Hongkong und erkundete das Reich der Mitte ausgiebig. Er ist u. a. Autor von Reisereportagen, Herausgeber der Länderreihe »Wie wir es sehen« und Gründer des Onlinemagazins Weltwach. Mehr unter www.Erik-Lorenz-Autor.de.

Ein paar kleine Sträucher, einige schmale Getreideterrassen und dahinter der Abhang, die Bodenlosigkeit. In der Tiefe tobt der Goldsandfluss. Gegenüber, auf der anderen Uferseite, erhebt sich eine gewaltige, senkrechte Wand aus Stein. Unten krallen sich vereinzelt die Wurzeln besonders hartnäckiger Büsche und Bäume in Felsrisse, weit oben liegt Schnee. Bis zu 3900 m ragen die gletscherbedeckten Gipfel in den Himmel empor – und verschwinden in den Wolken. Dieser Anblick überwältigt mich völlig. Ich stehe staunend am Eingang der Tigersprungschlucht, eines der tiefsten, steilsten und schmalsten Flusstäler der Welt – einfach grandios.

Nur eine Woche vorher lauschte ich in einem Pekinger Hutong gebannt den melancholischen Tönen einer *erhu*. Sie schallten durch die engen Gassen, zurückgeworfen von Wänden und aus Winkeln. Das Streichinstrument spielte ein Musiker, der vor einer Hauswand aus grauen Ziegeln saß. Mit einem Rosshaarbogen strich er über die zwei Saiten, flink sprangen die Finger über den schlanken Bambushals. Mit seinen geschickten Bewegungen erschuf er Melodien, die wie menschlicher Singsang klangen – so traurig, so rein, als kämen sie aus einer anderen Zeit. Aus einer Zeit, in der es noch etwa 6000 Hutongs gab. Heute existieren nur noch um die hundert der historischen Wohnviertel. Denn der Fortschritt nagt an ihren Außengrenzen wie Meeresbrandung an Sandsteinklippen. Auch der alte Erhu-Spieler musste fortziehen. Wo einst sein Haus stand, verläuft inzwischen eine Schnellstraße. Jetzt kehrt er nur noch zum Musizieren hierher zurück.

Schließlich verklang die Melodie. Der letzte Ton verharrte in der Erinnerung, hallte nach, nistete sich in meinem Bewusstsein ein und machte mir das Herz schwer. Ein magischer Moment. Ich war tief berührt.

Ob Naturliebhaber, Kulturbeflissene oder Gourmets – China beeindruckt, China fasziniert jeden. Immer wieder. Ein Land für alle Sinne – und ein Land zum Staunen. Wolkenkratzer sprießen schneller als Bambus. Und verändern ganze Straßenzüge, geben den Metropolen mit ihren modernen Schnellzügen und vielspurigen Autobahnen ein anderes Gesicht.

In Shanghai erheben sich hinter den klassizistischen Straßenpalästen aus der europäisch geprägten Vergangenheit die Zeugen des Fortschritts: gläserne Hochhäuser wie das Bund Center mit seinem kronengleichen Lotuskranz. In den Straßenschluchten streben ungezählte Massen von Anzugträgern den Bürotürmen zu und lassen sich von Fahrstühlen in die Zukunft emporheben.

China ist ein Reich der Superlative, das seine Besucher mitzureißen versteht. Ein Land, das atemlos nach vorn prescht und seine Chancen auf der Weltbühne ergreift.

Zugleich ist China aber nach wie vor ein sehr spirituelles Land, das tief in seiner Vergangenheit verwurzelt ist. In einigen Gegenden scheint die Zeit stehen geblieben zu sein. Im Kloster Ganden Songtsenling im Kreis Shangri-La beispielsweise beten Hunderte Mönche auf 3300 m Höhe in den gleichen Gemäuern wie ihre Amtsbrüder vor über drei Jahrhunderten. Die erste Hauptstadt des chinesischen Kaiserreichs, Xi'an, wird noch immer von einer Stadtmauer umschlossen. Die dramatischen Pekingopern begeistern ihr Publikum heute genauso wie im letzten und vorletzten Jahrhundert.

Chinas Macht konzentriert sich am Tian'anmen-Platz in Peking

Weiter Blick über die gar nicht so schmale Tigersprungschlucht

Und in den Teehäusern schlürfen und palavern die Gäste leidenschaftlicher als je zuvor.

Außerdem ist China ein wunderschönes Land mit sehr abwechslungsreichen Naturlandschaften, hohen Bergketten und Plateaus, weiten Ebenen, bewaldeten Hügeln und beeindruckenden Flussläufen – wie etwa dem des wilden Goldsandflusses auf seinem Weg durch die sagenhafte Tigersprungschlucht.

Während mein Blick über die Schlucht vor mir schweift, muss ich an den Erhu-Spieler in Peking denken, der aus seinem Hutong hatte fortziehen müssen. Sicher ein furchtbar schwerer Schicksalsschlag. »Furchtbar?«, hatte er mir entgegnet. »Aber ganz und gar nicht! Mach nicht so ein betretenes Gesicht! Ich hatte Glück.« Sein Hutong-Haus war alt und feucht. Das Dach leckte, zur Toilette musste er über den Hof, oft war es bitterkalt. »Bevor du den Verlust einer solchen Bruchbude bedauerst, solltest du selbst in einer leben!« Er grinste mich herausfordernd an und fügte dann fast stolz hinzu: »Ich habe jetzt fließendes Wasser, eine Zentralheizung und ein vernünftiges Klo.« Dann lachte er laut auf. Es klang wie ein Ruf durch die Zeit.

Faszination China: Vielgesichtig, widersprüchlich, mitreißend – das Land ist jede Reise wert!

WAS STECKT DAHINTER?

Die kleinen Geheimnisse sind oftmals die spannendsten. Hier werden die Geschichten hinter den Kulissen erzählt.

WARUM HEISST CHINA »REICH DER MITTE«?

Zhōngguó, der chinesische Name für China, heißt so viel wie »Reich der Mitte«. Es ist ein Name, der zahlreiche Kaiserdynastien überlebte. Der Grund ist einfach: Über lange Zeit hinweg blieben die von den Kaisern beherrschten Gebiete der wirtschaftliche, kulturelle und politische Mittelpunkt der benachbarten Königreiche und Fürstentümer des heutigen chinesischen Kernlandes. Folglich wurde dieser Sitz der Zentralmacht als »Reich der Mitte« bezeichnet, um ihn von anderen Fürstentümern zu unterscheiden.

WARUM GIBT ES »WESTERN TOILETS« IN CHINA?

Eine Reihe einfacher Löcher im Boden, weder Trennwände noch fließend Wasser. Die Geräusch- und Geruchskulisse kündigt den Abort schon von Weitem an: So mancher Tourist hastete in China zunehmend panisch von einer öffentlichen Toilette zur nächsten, um nach einigen Versuchen für minimalen Komfort dankbar zu sein: Porzellanbecken zum Drüberhocken mit geriffelten Markierungen für die Füße und mit Trennwänden – leider ohne Tür. Von Toilettenpapier meist keine Spur – wenn, dann benutzt in überquellenden Eimern. Schließlich die Offenbarung: ein westliches Klo. Tür zu. Draufsetzen. Entspannen. Und nicht, wie die Hinweisschilder oft betonen, zum Auf-die-Brille-Klettern-und-Hinhocken.

In Peking und anderen Großstädten wurden im Rahmen der Olympischen Spiele 2008 Tausende Toiletten saniert – eine staatlich verordnete Latrinen-Revolution. Aber vielerorts werden die Toiletten weiterhin von schwatzenden und lachenden Chinesen, die von einem »Stillen Örtchen« nie etwas gehört haben, ohne Scheu und olfaktorische Empfindsamkeit bevölkert.

WARUM LAUFEN MANCHE CHINESEN RÜCKWÄRTS?

Sind die denn wahnsinnig? Eine Gruppe von Menschen, die rückwärts geht, ohne sich umzusehen, die nicht vorsichtig tastet, sondern zielsicher marschiert. Sie erahnen Hindernisse, erspähen sie im Augenwinkel und vertrauen darauf, dass Kinder, Radfahrer, Fußgänger ihnen rechtzeitig ausweichen. Sie praktizieren Qigong, die jahrtausendealte Kombination leichter Atem- und Bewegungsübungen, um die den Körper durchfließende Lebensenergie zu speisen, das *qi*. Der umgedrehte Bewegungsablauf soll besonders wirkungsvoll sein, denn er belastet andere Muskeln und Gelenke, erhöht den Kalorienverbrauch und schärft die Sinne.

50 DINGE, DIE SIE ...

Hier wird entdeckt, probiert, gestaunt, Urlaubserinnerungen werden gesammelt und Fettnäpfe clever umgangen. Diese Tipps machen Lust auf mehr und lassen Sie die ganz typischen Seiten erleben. Viel Spaß dabei!

... ERLEBEN SOLLTEN

1 Mahjong im Park Erlernen Sie das chinesischste aller Spiele bei einem Kurs in Peking. Fordern Sie dann vor Ort oder in irgendeinem Park Spieler heraus. Trauen Sie sich! Das Klackern der Plastiksteine wird Sie durch China begleiten (Culture Yard b4, 10 Shique Hutong, Peking, Tel. 010-84044166, www.cultureyard.net/mahjong-workshop, So 10–12 Uhr, 80 Yuan/Std.).

2 Klosteraufenthalt Von dem Tempel Jianfu Gong am Fuß des daoistischen Klosterbergs Quingcheng Shan geht es 4 km zu Fuß und per Seilbahn zum Kloster Tianshi Dong C9, der Himmelmeistergrotte. Einfache Zimmer und vegetarische Küche. Dank der Mönche, weihevoller Zeremonien, würzigem Räucherstäbchenduft und Sonnenaufgang vom Gipfel aus unvergesslich (50 Min. im Zug von Chengdu nach Quingcheng Shan).

3 Rad- und Floßtour Von Yangshuo radelt man durch eine bizarre Karstlandschaft zum 8 km südlich gelegenen Mondberg, lädt an der Brücke vor dem Berg die Räder auf ein Bambusfloß und kehrt auf dem malerischen Yulong zurück nach Yangshuo (Radverleih: Green Lotus Hotel G13, 1 Guanlianlu, www.yangshuogreenlotushotel.com/en).

4 Tram durch Hongkong Seit über hundert Jahren fährt die Doppeldeckertram auf Hongkong Island 16 km von Kennedy Town c1 im Westen bis Shau Kei Wan d4 im Osten – spannende Blicke auf eine hypermoderne Metropole vom nostalgischsten Verkehrsmittel in der Stadt.

5 Karaokebar Viele Einwohner Pekings amüsieren sich abends am liebsten beim Karaoke, wie im Melody KTV b2. Also überwinden Sie sich: Mikro greifen und mitreißen lassen – von Kanto-Pop und Synthesizerversionen großer Klassiker (B77 Chaoyangmen Wai Dajie, Peking).

6 Schattenboxen Frühmorgens (ca. 6–7 Uhr) üben viele Chinesen gemeinsam Taiji, etwa in Shanghais Huangpu-Park › S. 108. Und Sie werden Ihnen gern helfen, sodass Sie sich bald fließend in der Gruppe bewegen können.

7 Sifang-Cai-Lokal Allabendlich verwandeln sich Hongkonger Privatwohnungen in Restaurants. Köche voller Leidenschaft, sorgen dafür, dass Insidern Erlesenes serviert

Der krönende Abschluss eines Ausflugs zum Mondberg ist die Floßfahrt auf dem Yulong

wird, z. B. im Club Qing c2. Unbedingt reservieren (Lan Kwai Fong, www.clubqing.com).

8 Pekingoper Für manche ein unvergessliches Kulturerlebnis, für andere nervenzerreißende Folter: Am besten besucht man eine Aufführung für Touristen im Pekinger Liyuan Theater › S. 77, die dauert nur eine Stunde, und die Handlung ist leichter nachvollziehbar als in der traditionellen Oper. Dazu Sonnenblumenkerne, Snacks und Tee.

9 Mut zur Überraschung Wer so mutig ist, in einem traditionellen Restaurant ohne englische oder bebilderte Speisekarte auf eines der Schriftzeichen zu tippen, wird eventuell außergewöhnliche Gerichte entdecken. Schmeckt es nicht? Was soll's, Sie haben Ihren Horizont erweitert. Versuchen Sie es noch mal!

10 Traditionelle Medizin Kopfschmerzen? Schlaflosigkeit? Kräuterpflaster hier, ein Heiltee da. Für Ausländer ist die chinesische Medizin, wie etwa in der 1669 gegründeten Apotheke Tongrentang c3, ein Sammelsurium lauter geheimnisvoller Kuriositäten (24 Dashilan Commercial St., Xicheng, Peking).

... PROBIEREN SOLLTEN

11 Sonnenblumenkerne Ein Biss, ein Zungenschlag – und die leere Schale fliegt in hohem Bogen heraus. Ob in Bahn, Oper oder Warteschlange, Sonnenblumenkerne werden tütenweise verputzt. Solche Akrobatik erfordert Training, aber die kernige Knabberei kann man fast überall kaufen – und los geht's!

12 Bettlerhuhn Das Huhn wird im Lehmmantel geschmort so zart, dass es Ihnen, wie im Wangsi › S. 129 in Suzhou, auf der Zunge zergeht.

13 Hotpot Man wirft, z. B. im Brigade General Fono Hotpot E10, Hähnchenbrust, Champignons, Sojasprossen, Frühlingszwiebeln, Seegurken und Kohlblätter in eine mit Chilischoten gewürzte und brodelnd heiße Brühe. Sichuans Feuertopf ist zwar höllisch scharf, aber mit genug Bier zum Löschen perfekt für gesellige Abende (10 Bei Cheng Tian, Chongqing).

Hotpot schmeckt am besten in Gesellschaft

14 Jiaozi Möglichst viele verschiedene der gedünsteten, gebratenen, gekochten und gefüllten Teigtaschen gehören zum Jiaozi-Bankett, z. B. im Defachang › S. 92 in Xi'an.

15 Haut und Knochen Kein Fleisch, sondern blasse Haut über knorpeligen Knochen, doch Hühnerfüße zählen zu den klassischen und beliebtesten Snacks. Mit Soja-Ingwer-Soße schmecken sie zum Reinbeißen – wie in der Wangfujing Snack Street › S. 75 in Peking.

16 Rou Jia Mo Das schmackhafte Fladenbrot mit würzigem Rindfleisch ist als geschätzter muslimischer Imbiss um Xi'ans Große Moschee an der Huajie Xiang F6 quasi in aller Munde.

17 Teestunde Teehäuser sind wesentlicher Teil des Alltags in China. Wie wär's mit dem lieblich grünen Drachenbrunnentee (Longjing), am besten im Hu Pan Ju L9 in Hangzhou, dem Zentrum des Teeanbaus (1 West Huancheng Rd., Westsee).

18 Yak-Käse Dank diverser Wildblumen und Gräser im südwestchinesischen Hochland um Shangri-La ist die Milch der Yaks sehr aromatisch – wie der exzellente Käse daraus, den es auf dem Markt unterhalb des Guishan Parks A11 gibt. Von weich-mild bis cremig-herb ein Genuss zum lokalen Rotwein.

19 Snack für Mutige Probierfreudige können auf Pekings Nachtmarkt Donghuamen › S. 75 knacki-

Das Auge isst mit – und erschwert die Auswahl auf dem Pekinger Nachtmarkt Donghuamen

ge Skorpione am Spieß vernaschen – oder Seidenwürmer und Spinnen.

20 Tausendjährige Eier In Salzlake eingelegt, mit Kohle, Kalk oder Reisstroh umhüllt und mindestens anderthalb Monate luftdicht gelagert: Tausendjährige Hühner- oder Enteneier sind eine chinesische Delikatesse mit intensivem, an alten Käse erinnernden Geschmack. Probieren Sie es im Yung Kee Restaurant c2 (32–40 Wellington St., Hongkong, www.yungkee.com.hk).

… BESTAUNEN SOLLTEN

21 Ehrwürdige Fresken Die tangzeitliche »Noble Lady« im Geschichtsmuseum der Provinz Shaanxi › S. 91 ist die wohl weltweit älteste Abbildung von Eiscreme, die in China schon vor über 1000 Jahren als *su shan* genossen wurde.

22 Chinesische Tischsitten In der Runde schwatzt jeder mit jedem – gern gleichzeitig –, begleitet von Schmatzen, Schlürfen, Spucken.

Was aus dem Mund fällt, bleibt liegen, Schalen, Knochen oder Gräten sammeln sich auf der Tischdecke und dem Boden – purer Ausdruck von Lebensfreude und Geselligkeit!

23 Reisterrassen Die sanften, unendlich oft gerundeten, über- und hintereinander geschichteten Reisterrassen von Longsheng › S. 138 lehren in ihrer Ästhetik das Staunen neu. Oberhalb des Dorfes Dazhai kann man den besten Blick darauf erhaschen.

24 Vergänglichkeit Die Wasserkalligrafen, die sich z. B. morgens auf Pekings Kohlehügel › S. 66 beobachten lassen, malen mit Wasser auf Stein. Hier zählt der Augenblick, denn die Worte verschwinden, wenn das Wasser verdunstet.

Der elegante Schwung der Reisterrassen folgt dem der Landschaft

25 Kampfsport Für Chinesen ist Kung-Fu eher eine Kunst mit philosophischem Hintergrund, die man in der Kung-Fu-Schule des Shaolin-Klosters › S. 99 angemessen würdigen kann (Vorführung: 120 Yuan).

26 Postkartenidyll Das fast tausend Jahre alte Dorf Hongcun K9 bezaubert durch malerische Lotusteiche, reizvolle Brücken und traditionelle, weiß getünchte Häuser mit spitzen, schwarzen Ziegeldächern und Wassergärten (50 Min. Busfahrt ab Tangkou am Huangshan).

Shaolin-Mönche zeigen ihre Kampfkünste

27 Hochzeitsfotos Qingdao ist *das* Traumziel vieler junger Paare, die mit feinem Anzug und tollen weißen Brautkleidern, emsigen Visagisten und Stylisten den fotogen-romantischen Strand Nr. 2 L5 zum Shooting stürmen.

28 Französische Konzession Im spannendsten aller Kolonialviertel Shanghais › S. 110 stehen prächtige Villen aus den 1920er- und 1930er-Jahren an hübschen Platanenalleen, wie »Wukang Mansion« an der Kreuzung Fuxing/Huaihai Lu im Art-déco-Stil aus dem Jahr 1924.

29 Farbenspiel In der feuerroten Erde im Dongchuan Red Land C12, etwa 200 km nordöstlich von Kunming, setzen Pflanzen und Blüten leuchtend grüne, gelbe und weiße Farbtupfer.

30 Fitness Erstaunlich viele alte und junge Menschen dehnen und strecken sich an bunten Trimmgeräten in Parks, an Kreuzungen, z. B. in Qingdao am Badaxia Plaza L5.

... MIT NACH HAUSE NEHMEN SOLLTEN

31 Seide In der No.1 Silk Mill M8 mampfen Seidenraupen vergnüglich Maulbeerbaumblätter und verpuppen sich. Aus den Kokons entstehen am Ende feine Schals, die einen nach dem Urlaub schmücken (94 Nanmen Rd., Suzhou).

32 Blick in die Zukunft Liebesleben, Familie oder Karriere – die englischsprachigen Wahrsager am Man Mo Temple › S. 155 in Hongkong wissen einiges über Ihre Zukunft, nachdem sie Holzstäbchen in einem Bambusbehälter schütteln, bis eines herausfällt. Die Zahl darauf bestimmt das Schicksal.

33 Rollbild Die alte chinesische Kunst des Schönschreibens ist in ihrer Eleganz ein echter Hingucker. Bitten Sie einen Kalligrafen in der Pekinger Liulichang Street c3 um einen persönlichen Gruß.

34 **Tempelduft** Räucherstäbchen gibt es in jedem Tempel. Der würzige Duft im heimischen Wohnzimmer weckt die Reiseerinnerungen.

35 **Ich und die Große Mauer** Rauf auf die Mauer › S. 79, Peace-Zeichen machen und abdrücken – so fotogen ist China.

36 **Acht Schätze Tee** Damit bleiben Sie gesund: Der milde Ba Bao Cha, u.a. in Kantons Ahnentempel der Familie Chen › S. 165, beinhaltet acht verschiedene Blüten, Früchte, Kräuter aus der chinesischen Medizin, z.B. Wolfsbeere, Malven, Chrysanthemen, Jujube, Lilienzwiebel, Lotusknospen, Weiß- und Rotdorn.

37 **Yixing-Teekanne** Für den kultivierten Teegenuss ist die meist braune Purpursand-Keramik aus Yixing unentbehrlich. Sie kostet, je nach Ton, Alter, Künstler, ein paar Dutzend bis zu Tausenden Yuan (Tianshan Tea City M8, 520 Zhongshan West Rd., Shanghai).

38 **Fächer** Aufwendig handbemalt oder aus Massenproduktion: Schöne chinesische Fächer findet man z.B. in Pekings Qianmen Street c3.

39 **Erfolgserlebnis** Jeder Preis ist Verhandlungsbasis. Feilschen ist auf

Aus der handgefertigten Yixing-Kanne schmeckt der Tee gleich noch besser

Märkten und sogar in vielen Kaufhäusern ein Muss, und bei Erfolg hochbefriedigend. Ein Gefühl, von dem man zu Hause zehren kann.

40 Siegelstempel Lassen Sie sich z.B. bei Xileng › S. 121 in Hangzhou Ihren chinesischen Namen und das Tier Ihres Horoskops in Speckstein schnitzen, dazu eine Porzellandose mit roter Stempelfarbe – fertig ist das eigene Siegel.

... BLEIBEN LASSEN SOLLTEN

41 Am Frühstück verzweifeln Statt Brot, Wurst, Käse, Kaffee gibt es wässrige (Reis-)Suppe mit etwas Gemüse und Fleisch oder gedämpften Hefebrötchen *(baozi)* – daran gewöhnt man sich schnell.

42 Senkrechte Stäbchen Wer die Stäbchen senkrecht in den Reis steckt, erntet blankes Entsetzen. Das ist nur bei Trauerfeiern und am Ahnenaltar gestattet. Den Tod als Tischnachbarn wünscht sich kein Chinese – und Sie sicher auch nicht!

43 Ausländermenü Manche Restaurants in Touristenzentren reichen Besuchern eine Ausländerkarte. Aufgepasst: Die Preise sind bis zu doppelt so hoch wie in der üblichen Speisekarte.

44 Rushhour im Taxi Zu Fuß und per U-Bahn kommt man besser voran als im Auto. Bei über 200 Mio. Autos – jeden Tag kommen Zehntausende dazu – heißt es in Peking und anderen Großstädten oft: Nichts geht mehr!

45 Smalltalk über Politik Kritik an Chinas Regierung nimmt man Ihnen leicht übel. Löchern Sie Ihr Gegenüber lieber mit Fragen über Familie, Tee, Essen – Themen, die freudig aufgegriffen werden.

46 Reise in der Goldenen Woche Um das Neujahrsfest und Anfang Oktober machen Hunderte Millionen Chinesen Urlaub. Dann sind Betten, Ruhe und Platz Mangelware, Flüge und Züge ausgebucht.

47 Ohrstöpsel vergessen Lärm bedeutet Leben – und Chinesen leben gern. Für ruhige Nächte daher unbedingt Ohrstöpsel einpacken.

48 Leerer Magen im Kaiserpalast Ein Besuchermagnet dieser Kategorie sollte über die entsprechende Gastronomie verfügen, aber es werden höchstens Snacks und Softdrinks verkauft. Also: Verpflegung, vor allem Wasser, mitnehmen!

49 Getrennt bestellen Essen ist in China ein geselliges Event. Deshalb bestellt niemand ein einzelnes Gericht. Jeder ordert eine Speise (Reis gilt nicht) und stellt sie für alle in die Tischmitte.

50 Fälschungen kaufen Viele Antiquitäten sind gefälscht. Originale dürfen nur mit einer Genehmigung – rotes Siegel › S. 177 – ausgeführt werden.

Bei einer Fahrt mit der Tram auf den Victoria Peak bleibt die Hektik Hongkongs weit unten zurück

REISEPLANUNG & ADRESSEN

DIE REISEREGION IM ÜBERBLICK

Mehrfach war Peking Hauptstadt eines der chinesischen Reiche, hier herrschten neben Chinesen auch Mongolen und Mandschuren.

Im Machtzentrum blieben Zeugnisse von großer kultureller und historischer Bedeutung erhalten, allen voran der Kaiserpalast der Ming- und Qing-Dynastie, der Himmelstempel und der Sommerpalast am Stadtrand. Nördlich von Peking liegen in einem Tal 13 der 16 Ming-Kaiser begraben, nicht weit davon entfernt zieht sich die Große Mauer aus der Ming-Dynastie über die Berge. Genauso interessant ist Peking als moderne Metropole mit Hochhäusern, Einkaufszentren, U-Bahnen und Flughafen, aber auch mit endlosen Staus und schlechter Luft, oft miesem Service und hohen Preisen.

Das Stammland der Han-Chinesen liegt viel weiter westlich, im Lössgebiet des Gelben Flusses: In der Umgebung des heutigen **Xi'an** begründete der Erste Kaiser vor gut 2200 Jahren das erste chinesische Reich, das weniger als ein Viertel der jetzigen Fläche Chinas umfasste. Er hinterließ die gigantische Terrakottaarmee zum Schutz seines Mausoleums. In Xi'an sehenswert sind die mingzeitliche Stadtmauer, Glocken- und Trommelturm, das hervorragende Geschichtsmuseum sowie die buddhistsischen Wildganspagoden.

Der Buddhismus steht auch in der einstigen Hauptstadt **Luoyang** im Vordergrund, in deren Nähe unzählige buddhistische Statuen aus den Sandsteinwänden der Longmen-Grotten herausgemeißelt wurden. Ein lohnender Ausflug führt zum Shaolin-Kloster, in dem das traditionelle Kung-Fu gelehrt wird.

Südlich der Flussmündung des Yangzi in das Ostchinesische Meer liegt **Shanghai,** der ökonomische Motor der Modernisierung Chinas. Eine Stadt, die mit rund 24 Mio. Einwohnern aus allen Fugen geraten ist und sich in einem unglaublichen Tempo entwickelt. Da Shanghai außer dem Jadebuddha-Tempel und dem Yu-Garten kaum nennenswerte Sehenswürdigkeiten besitzt, kann man sich ein, zwei Tage durch die boomende Megacity treiben lassen.

So richtig »chinesisch« wird es in zwei nicht weit von Shanghai entfernten Städten: **Hangzhou** mit seinem idyllischen Westsee und den Teeplantagen in der Umgebung sowie der von zahlreichen Flussläufen und Kanälen durchzogenen Gartenstadt **Suzhou.**

Die mehrtägige Bootstour durch die drei Schluchten im Mittellauf des **Yangzi** löst, seit der Drei-Schluchten-Damm einen gigantischen See aufstaute, gemischte Gefühle aus. Reizvoller ist die halbtägige Fahrt auf dem Li bei **Guilin.** Die flachen Boote gleiten durch eine bizarre Landschaft aus Kalksteinfelsen, um die sich viele Geschichten ranken.

Hongkong vereint Tradition und Moderne – Dschunken im Victoria Harbour

Eine ähnliche Karstformation ist 120 km von **Kunming,** der Hauptstadt der Provinz Yunnan, im Steinwald zu finden. Auf der Hochebene herrscht ein sehr angenehmes Klima, das den ganzen Sommer über Touren in kleinere Städte wie Dali, Lijiang, Xishuangbanna und die schöne Natur erlaubt.

Das südliche Tor zu China ist die ehemalige britische Kolonie **Hongkong.** Hier beeindrucken besonders gut besuchte Tempel, herrliche Aussichten auf den Hafen, spektakuläre Wolkenkratzer und Einkaufsmöglichkeiten sowie ein interessanter Alltag im chinesisch geprägten Western District. Dabei ist Hongkong sehr grün, z. B. auf dem Peak, in den New Territories oder auf den kleineren Inseln. Abends locken hervorragende Restaurants mit Spezialitäten aus aller Welt, Kneipen und Bars für jeden Geschmack.

Das 90 km den Perlfluss aufwärts gelegene **Kanton** war im 19. Jh. der einzige Zugangsort für den Handel mit den Kolonialmächten. Ansonsten bietet die Stadt einige interessante Tempel.

Zwar erholten sich schon die Kaiser am Meer, doch richtiger Badebetrieb herrscht an den chinesischen Stränden erst seit Kurzem, z. B. in Beidaihe, Qingdao oder Xiamen. Zur touristischen Hochburg entwickelte sich der 7 km lange Strand der Stadt Sanya im Süden der tropischen **Insel Hainan,** der alle Wünsche der Sonnenanbeter erfüllt: goldener Sand, Palmen, erstklassige Hotels mit Pool-Landschaften, Restaurants und buntes Nachtleben.

KLIMA & REISEZEIT

China ist ein riesiges Land und dementsprechend groß sind die klimatischen Unterschiede zwischen Norden und Süden, Westen und Osten.

Wenn etwa im Januar in Harbin, der Hauptstadt der nordöstlichen Provinz Heilongjiang, knackig frostige – 13 °C gemessen werden und das Eisskulpturenfestival gefeiert wird, kann das Thermometer in Kanton leicht + 15 °C anzeigen.

Die nordchinesische Tiefebene mit Peking hat trotz der Öffnung zum Meer ein kontinentales Klima. Von Oktober bis März wehen kalte Winde. Da sie jedoch trocken sind, lässt sich die Kälte gut aushalten, sodass Peking auch im Winter besucht werden kann. Darauf folgt ein kurzer Frühling, getrübt durch Sandstürme im April. Die Sommer sind heiß, mit höherer Luftfeuchtigkeit als in Europa.

Der Großraum Shanghai hingegen ist klimatisch weniger angenehm. Der Winter ist milder, selten sinkt das Thermometer unter Null. Doch die Luftfeuchtigkeit ist das ganze Jahr über sehr hoch. Entsprechend heiß und schwül sind die Sommermonate Juni bis August, in denen der meiste Niederschlag fällt.

In Kanton herrscht subtropisches Meeresklima vor. Die Durchschnittstemperatur liegt im Winter bei 13 °C, mit hoher Luftfeuchtigkeit. Die heißen und feuchten Sommer bringen ausgiebige Niederschläge von Juni bis September, gelegentlich sogar mit einem der gefürchteten Taifune.

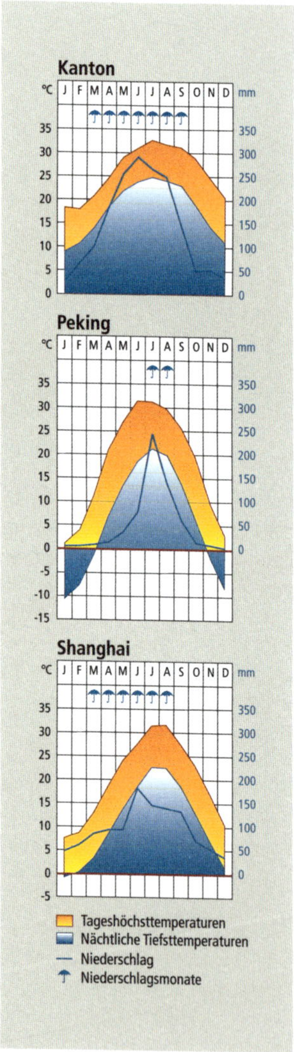

Beste Reisezeit für eine Chinatour sind die Monate Mai, September und Oktober. Den Süden mit Städten wie Kanton, Hongkong oder der tropischen Insel Hainan kann man auch im Winter bestens bereisen.

Bei der Planung sollte man auf jeden Fall die großen Festtage › S. 46 berücksichtigen, an denen auch viele Chinesen verreisen – und nicht nur, um Verwandte zu besuchen. Dann steigen die Preise für Unterkünfte und Flüge und die Attraktionen sind viel voller als sonst. Deswegen sollte man Flüge und Hotels unbedingt rechtzeitig buchen.

ANREISE

Die drei wichtigsten Tore zur Welt sind Peking, Shanghai und Hongkong, die mit vielen europäischen Flughäfen verbunden sind. Tägliche Direktflüge dorthin gibt es von München und Frankfurt aus.

Von Düsseldorf aus fliegt man direkt nach Peking und Hongkong. Statt mit dem Flugzeug (9–11 Std.) kann man mit der Transsibirischen Eisenbahn anreisen. 6 Tage benötigt der Zug für die 7633 km von Moskau nach Peking. Man muss im Voraus buchen. Informationen unter www.transsib.de.

REISEN IM LAND

Innerhalb dieses großen Landes muss man die meisten Distanzen per Flugzeug zurücklegen. Das Streckennetz ist dicht, aber Flüge oft ausgebucht, sodass Sie rechtzeitig reservieren sollten.

Auf einigen Bahnstrecken verkehren Hochgeschwindigkeitszüge, z. B. Peking–Shanghai (5 Std.), Peking–Kanton (8 Std.). Hongkong ist von Peking (2360 km) in 9 Std. zu erreichen. Bereits für kürzere Fahrten empfiehlt sich die erste Klasse *(soft seater)*. Über Nacht reist man am besten im Vierbettabteil der ersten Klasse *(soft sleeper)*, günstiger ist das *hard-sleeper*-Ticket im Großraumwagen. Die Fahrkarten muss man im Voraus besorgen.

In Großstädten wie Peking, Shanghai und Kanton wird der Ausbau des U-Bahn-Netzes forciert. Hongkong verfügt über eine der weltweit modernsten Metros. Taxis sind überall verfügbar, doch der oberirdische Verkehr verursacht täglich riesige Staus.

Da nur mit chinesischem Führerschein Auto gefahren werden darf, muss man für Ausflüge in die Umgebung einen Wagen mit Fahrer im Hotel oder bei einer Taxigesellschaft buchen (500–1000 Yuan/Tag).

CHINA PERSÖNLICH

Yu Wanning findet mit ihrer Mode auch über Peking hinaus immer mehr Fans

Ein kleines Energiebündel begrüßt die Besucher mit überschäumender Herzlichkeit hinter der banalen weißen Tür zu Yu Wannings Atelier im Kunstareal 798, Pekings wichtigster Adresse für Kreative. Ihr Englisch ist noch etwas zögerlich, ihr Selbstbewusstsein keineswegs. Yu Wanning ist eine der erfolgreichsten Absolventinnen der renommierten Zentralen Hochschule für Bildende Kunst in Peking. Mit dem eigenen Label »Evening«, das mit der englische Aussprache ihres Namens spielt, zählt die Designerin zu den gefragtesten Modeschöpferinnen Chinas.

Ihre silhouettenhaften Schnitte sind inspiriert von der im 2. Jh. begründeten Tradition des Wu Qin Xi. Das »Spiel der fünf Tiere«, eine alte Form des Qigong, ahmt die kraftvollen, geschmeidigen oder auch tapsigen Bewegungen von Kranich, Affe, Tiger, Hirsch und Bär nach, um Körper und Geist in Einklang zu bringen. »Evening« schneidert nicht nur Abendroben, sondern vor allem elegante, extravagante und doch tragbare Mode, jedenfalls für Chinas Hauptstadt. »Unsere Frauen sind viel mutiger als in Shanghai oder Hongkong«, lächelt Yu. »Wenn ihnen etwas gefällt, dann tragen sie es, egal wie ausgefallen, ja schräg es auch sein mag.« In Yus Atelier sieht man das sofort. Auf der einen Seite hängt maßgeschneiderte Haute Couture auf der anderen erschwingliches Prêt-à-Porter in langen fließenden Formen. Yu schätzt dabei Schwarz und Weiß, die Farben von Yin und Yang, besonders.

- **Evening Fashion Gallery** J2
  4 Jiuxianqiao Lu
  Qixing Dongjie
  Peking | Tel. 010/59 78 94 74
  www.eveningyu.com
  tgl. 9.30–18 Uhr

UNTERKUNFT

In allen großen Städten sind im 4- und 5-Sterne-Bereich inzwischen hervorragende Hotels mit Englisch sprechendem Personal und gutem Service zu finden, meist Joint-Ventures oder unter ausländischem Management.

Rein chinesisch geführte Hotels werden von der chinesischen Tourismusbehörde, die die Sterne vergibt, großzügiger bewertet. 3-Sterne-Hotels sind in der Regel zwar einfach eingerichtet, aber sauber: falls nicht, sollte man das Zimmer zurückweisen. Bei Hotels mit weniger Sternen sollte man die Zimmer vor der Buchung besichtigen. In abgelegenen, ländlichen Regionen ist von Sternen keine Rede mehr. Hier ist der Standard meist schlicht und die Verständigung eine Herausforderung. In Hongkong gibt es mehrere Jugendherbergen sowie einfache Gästehäuser, die oft von Rucksackreisenden besucht werden. Auch in der Volksrepublik taucht die Bezeichnung »Jugendherberge« auf, doch gibt es hier keine Qualitätskontrolle.

Praktisch alle Hotels haben ihre eigenen Restaurants, von denen die chinesischen meistens recht gut sind. In den Metropolen gibt es in den Spitzenhotels außerdem hervorragende europäische und internationale Restaurants.

Mangels offizieller Auskunftsstellen ist die Hotelrezeption Anlaufpunkt für alle möglichen Fragen wie Transporte zu Sehenswürdigkeiten, Auto- und Fahrradmiete, Veranstaltungen und ärztliche Hilfe. Führen Sie immer eine chinesische Visitenkarte des Hotels mit sich, um diese Taxifahrern zu zeigen und leichter zurückfinden.

CHARMANT ÜBERNACHTEN

- Das **Beijing Sihe Courtyard Hotel** liegt inmitten der Pekinger Gassen – ruhig und zentral. Traditionell eingerichtete Zimmer, schöner Innenhof, hilfsbereites Personal. > S. 74
- Originaler Art-déco-Schmuck, gepaart mit modernem Komfort und einer hervorragenden Lage am Fluss und an der Einkaufsstraße Nanjing Lu: das legendäre **Fairmont Peace Hotel** in Shanghai. > S. 111
- Das gemütliche **Quintet Bed and Breakfast Guest House** mit sechs Zimmern und erlesenem Frühstück ist eine kleine Perle in Shanghai. > S. 111
- Die große alte Dame der Hongkonger Hotellerie, Goldstuck in der Lobby, Rolls Royce vor der Tür, traumhafte Lage am Hafen: **The Peninsula.** > S. 158
- Als Teil des kolonialen Erbes auf der Flussinsel Shamian überzeugt das preiswerte **Victory Hotel** in Kanton. > S. 167

AUF MAUERN UND BERGEN

Auf einer Radtour können Sportliche die Schönheiten Guilins aus der Nähe erfahren

Die meisten Chinareisen konzentrieren sich auf die kulturellen Stätten in den großen Städten und deren Umgebung. Doch außerhalb der Metropolen kann man durchaus Natur erleben und sich sportlich betätigen. Allerdings ist der Aufwand, der dafür betrieben werden muss, manchmal recht groß, sodass man genug Zeit mitbringen sollte.

WANDERN AUF DER MAUER

Wer die üblichen Ausflugsorte an der Chinesischen Mauer nördlich von Peking besucht, wird sich auf keinen Fall allein fühlen. Besucherscharen kommen bei jedem Wetter dorthin, Andenkenstände und fliegende Händler säumen den Weg bis zum Aufgang und Ticketschalter. Das richtige »Mauergefühl« stellt sich erst ein, wenn man einsam über die Krone des Steinwalls wandert, was an abgelegenen, sehr steilen und weniger frequentierten Abschnitten möglich ist. Dafür braucht man allerdings eine gute Ausrüstung, feste Wanderschuhe, Proviant, bei längeren Touren ein Zelt und am besten einen erfahrenen, orts- und sprachkundigen Führer.

William Lindesay, der selbst etwa 2470 km der Mauer erwandert hat, veranstaltet von Peking aus individuell gestaltete und persönlich geführte Wanderungen auf der Mauer. Nähere Informationen auf der Website www.wildwall.com oder per E-Mail von william@wildwall.com.

RADELN ÜBER LAND

Auch auf den chinesischen Landstraßen verdrängen mehr und mehr Autos die Radler. Gutes Kartenmaterial fehlt ebenso wie informative Schilder an den Straßen. Man sollte sich auf eine Radreise also bestens vorbereiten oder sich einem Spezialisten anvertrauen.

- **China by bike**
  Zwei Berliner Sinologen veranstalten geführte Fahrradreisen in China; z. B. »Südlich der Wolken« in der Provinz Yunnan, »Berg und Wasser« in der Region Guilin und »Entlang der Seidenstraße« im Westen des Landes.
  Karlsgartenstraße 19 | 12049 Berlin
  Tel. 030/622 56 45
  www.china-by-bike.de

PER SCHIFF UND RAD

Die Bootsfahrt auf dem Li-Fluss bei Guilin lässt sich mit Fahrrädern unternehmen, sodass man von der Endstation Yangshuo statt mit dem Bus mit dem Rad durch die schöne Karstkegellandschaft nach Guilin zurückkehren kann › S. 137.

In Yangshuo › S. 139 verleihen fast alle Hotels Fahrräder für Ausflüge in die Karstberge, zu Höhlen, Badestellen oder Dörfern wie Fuli und Xingping (Radverleih in Guilin: Guilin Golden Crown International Hotel, 46 Zhongshan South Road, Tel. 07 73/367 76 66).

HEILIGE BERGE ERKLIMMEN

Auch in China gelten Berge als Sitz der Götter. Sowohl der Buddhismus als auch der Daoismus kennen verschiedene heilige Berge, deren Besteigen Verdienste für das zukünftige Leben verheißt. Diese sind umso größer, je anstrengender der Aufstieg ist. Allerdings überwinden heute an fast allen Bergen Seilbahnen zumindest einen Teil des Wegs. Doch wer sie benutzt, verpasst die vielen kleinen Tempel unterwegs.

Gut erreichbar ist der Taishan K5, der als Residenz der höchsten Götter des Daoismus gilt. Der etwas anstrengende Aufstieg beginnt in der Stadt Tai'an, die an der Bahnstrecke zwischen Peking und Shanghai liegt. Der Berg ist 1542 m hoch und über rund 7000 Stufen zu erklimmen. Geübte können den Auf- und Abstieg über zwei verschiedene Routen an einem Tag schaffen. Aber wer die herrlichen Ausblicke in aller Ruhe genießen möchte, sollte besser zwei Tage einplanen. Es lohnt sich, auf dem Gipfel des Taishan zu übernachten, um am nächsten Morgen den Sonnenaufgang zu erleben.

- **Shenqi Binguan** € K5
  Einfaches Gipfelhotel, Reservierung erforderlich.
  18 Tai'an Tian Jie | Taishan
  Tel. 05 38/88 22 38 66

Stufe für Stufe hinauf zum Taishan

Beim morgendlichen Taiji im Shanghaier Xiangyang-Park sind alle Frühaufsteher herzlich willkommen

LAND & LEUTE

STECKBRIEF

- **Fläche:** 9,56 Mio. km², Ausdehnung: 18°–53° nördl. Breite und 71°–135° östl. Länge
- **Hauptstadt:** Peking (Beijing)
- **Amtssprache:** Hochchinesisch (Pinyin), in Hongkong sind zusätzlich Kantonesisch und Englisch als Amtssprachen anerkannt.
- **Einwohner:** ca. 1,4 Mrd., davon rund 8 % Nichtchinesen
- **Größte Städte:** Shanghai (24 Mio.), Peking (22 Mio.), Kanton und Shenzhen (12 Mio.), Chongqing (10 Mio.), Wuhan, Tianjin und Foshan (9 Mio.)
- **Häufigster Familienname:** Li (90 Mio.); 370 Mio. heißen Li, Wang, Zhang, Liu oder Chen

- **Währung:** Renminbi (RMB), gezählt in Yuan; in Hongkong: Hongkong Dollar (HKD)
- **Zeitzone:** MEZ + 7 Std. (während der europäischen Sommerzeit + 6 Std.)
- **Landesvorwahl:** 0086, Hongkong: 00852

VERWALTUNG

Die Volksrepublik (VR) China gliedert sich in 22 Provinzen, fünf Autonome Gebiete sowie vier der Zentralregierung unterstehende Städte (Peking, Shanghai, Tianjin, Chongqing). Provinzen und Autonome Gebiete sind in Kreise und Städte unterteilt, in denen sich die Verwaltungsgliederung wiederholt. Hongkong und Macau sind Sonderverwaltungsgebiete mit eigener Gesetzgebung, eigenen Organen, funktionierender Verwaltung und Ansätzen von Demokratie und persönlichen Rechten.

Offizielles Gesetzgebungsorgan ist der Nationale Volkskongress, der auf fünf Jahre gewählt wird, den Staatshaushalt und Gesetzentwürfe der Regierung absegnet. Die Regierung, der Staatsrat, bildet der Ministerpräsident und viele Minister. Staatsoberhaupt ist der Präsident mit repräsentativen Funktionen. Die Justiz ist an die Weisungen des Staatsapparats gebunden. Zwar werden immer mehr Bereiche gesetzlich geregelt, es werden jedoch weiterhin Ungerechtigkeit und Willkür beklagt.

Alle Staatsorgane unterliegen dem »demokratischen Zentralismus« leninistischer Prägung und der Führung der Kommunistischen Partei. Diese unterhält auf allen Ebenen einen parallelen Verwaltungsaufbau und entscheidet praktisch alle Fragen, die von der staatlichen Verwaltung vollzogen werden. Es gibt enge Verflechtungen zwischen Partei- und Staatsämtern. Freie Wahlen gab es in China nie.

WIRTSCHAFT

China ist reich an Bodenschätzen. Der Energiebedarf wird vorwiegend durch Steinkohle und Atomkraft gedeckt, zunehmend spielen Öl, Wasser-, Solar- und Windkraft eine wichtige Rolle. Es gibt kleinere Vorkommen von Erdgas in Sichuan, von Uran in Fujian und von Erdöl in mehreren Gegenden des Landes. In der Autonomen Region Xinjiang im Nordwesten befinden sich die meisten strategisch wichtigen Rohstoffvorkommen (u. a. Uran), Lagerstätten für Atommüll sowie Testgebiete für Atombomben und Raketen.

In der Landwirtschaft arbeiten immer noch die meisten Chinesen. Als Grundnahrungsmittel werden Weizen, Reis, Ölsaaten, Zuckerrohr sowie Gemüse und Obst angebaut. Düngemittel und Pestizide werden viel verwendet. In der Tierhaltung dominiert die Schweinezucht, in bestimmten Regionen die Massenhaltung von Hühnern, Enten und Gänsen. An der Küste und in den Flüssen werden Fische und andere Meerestiere gezüchtet. Zur industriellen Weiterverarbeitung baut man Baumwolle und Tabak an, Seidenraupenzucht und Tee spielen in Ostchina eine bedeutende Rolle. Im Zuge der »Modernisierung der Landwirtschaft« wurde der Boden wieder aufgeteilt und die Familie die wichtigste Produktionszelle.

China folgte zunächst dem sowjetischen Vorbild mit Fünfjahresplänen und einer Bevorzugung der Schwerindustrie. Dies hinterließ zahlreiche Staatskonzerne. Die Modernisierung nach 1978 wurde vor allem durch Joint-Venture-Firmen mit ausländischem Kapital in Gang gesetzt, die ein beträchtliches Wirtschaftswachstum erzielten. China entwickelte sich zum Billiglohnproduzenten und damit zur »Werkbank der Welt«. Der Aufschwung fand zunächst in den Küstenprovinzen des Ostens statt, während die weiter westlich gelegenen Gebiete der Entwicklung hinterherhinkten. Die Pekinger Regierung fand noch keinen gerechten Ausgleich zwischen den Provinzen. Aber trotz verschleppter politischer Reformen und Problemen mit Korruption, wuchsen in den letzten Jahren auch bei den Menschen auf dem Lande der (bescheidene) Wohlstand und die Lebenserwartung.

Chinas Bedarf an Erdöl steigt

GESCHICHTE IM ÜBERBLICK

5.–2. Jt. v. Chr. Einzelne Keramikfunde belegen die Existenz der Longshan-Kultur in der heutigen Provinz Shandong sowie der Yangshao-Kultur zwischen den heutigen Städten Luoyang und Xi'an.

1122–221 v. Chr. Als Legitimation für die Herrschaft der Zhou wird das Prinzip des *tian* (Himmel) entwickelt. Das ist eine abstrakte Idee, auf die sich der Herrscher, »Sohn des Himmels« genannt, als Mittler zwischen Himmel und Mensch beruft.

6. Jh. v. Chr. Sehr fruchtbare Zeit geistiger Auseinandersetzung zwischen Daoisten und Konfuzius-Schülern, Gleichheit fordernden Mohisten und ersten Vertretern legalistischer Schulen, die der willkürlichen Feudalherrschaft eine starke, mithilfe strenger Gesetze regierende Zentralmacht entgegensetzen wollen.

221 v. Chr. Qin Shihuangdi ruft sich zum ersten Kaiser aus, nachdem er seit 246 als Fürst eines Teilgebiets geherrscht und in zehnjährigem Feldzug die anderen Staaten erobert hatte. Verbindung bereits bestehender Wehrmauern zur ersten »Langen Mauer«.

Ab 206 v. Chr. Nach dem Tod des ersten Kaisers zerfällt die Macht des Klans. Rebellen stellen mit der Han-Dynastie den alten Feudalismus wieder her, behalten aber die zentrale Macht bei. 111 v. Chr. erreichen kaiserliche Truppen das heutige Kanton. Der Konfuzianismus wird zur Staatsdoktrin erklärt.

Ab 65 n. Chr. Über die Seidenstraße kommt der Buddhismus aus Indien nach China und passt sich chinesischen Vorstellungen an.

Ab 220 Die Macht der Han bröckelt, es entstehen mehrere Herrschaftszentren und Königreiche.

581 Ein General des Sui-Klans eint das Reich wieder und erwählt Chang'an (Xi'an) zu seiner Residenz.

618 Der Li-Klan übernimmt die Macht und ruft die Tang-Dynastie aus, die sich durch Feldzüge und Heiratsabkommen mit dem tibetischen Hof etablieren kann. Es folgt eine 300 Jahre andauernde kulturelle Blüte.

Ab 960 Das militärische und ökonomische Zentrum verlagert sich ostwärts nach Kaifeng, der Hauptstadt der Song-Dynastie. Den Norden kontrollieren zunehmend Reitervölker aus den Ebenen der heutigen Mongolei. Die Dschurdschen erobern 1126 Kaifeng; ihre Hauptstadt errichten sie dort, wo heute Peking liegt.

1206 Die Mongolen einigen sich und wählen Dschingis zum Großen Khan. Damit beginnt die Zeit ihrer Eroberungszüge, die mit der Einnahme von Hangzhou unter Dschingis' Enkel Kublai 1279 ihren Abschluss findet. Erstmals herrscht eine nicht-chinesische Dynastie, die Türken, Perser und Syrer als Verwalter einstellt.

1294 Tod Kublai Khans; das Reich der Mongolen, die mittlerweile fast ganz Eurasien beherrschen, zerfällt.
1368 Nach zahlreichen Aufständen gegen die Fremdherrscher wird wieder eine chinesische Dynastie eingesetzt: Die Ming-Dynastie prägt die folgenden Zeit. Sie etabliert sich zunächst in Nanjing, doch der dritte Kaiser, Yongle, verlegt die Hauptstadt nach Peking. Er lässt einen neuen Palast erbauen, dessen Anlage heute noch zu sehen ist.
1517 Das erste portugiesische Schiff erreicht Kanton.
1644 Die Mandschuren dringen Richtung Peking vor, stürzen die Ming und rufen die Qing-Dynastie aus, die bald das gesamte Reich kontrolliert. Anders als die Mongolen assimilieren sie sich kulturell. Ihr Herrschaftsgebiet dehnen sie weit nach Westen aus.
1842 Mit dem Vertrag von Nanjing, der den ersten Opiumkrieg beendet, verschaffen sich die Europäer endgültig Zutritt nach China. Sie errichten Handelshäfen und kleine Kolonien, darunter Shanghai, Tianjin, Dalian und das »deutsche« Tsingtau (Qingdao).
1850–1864 Der Taiping-Aufstand in Süd- und Mittelchina gegen die konservative Zentralmacht in Peking fordert insgesamt 20 Mio. Tote. Er wird mithilfe ausländischer Truppen niedergeschlagen.
1898 Der junge Kaiser Guangxu versucht die Dynastie durch eine Modernisierung an der Macht zu halten, unterliegt jedoch der konservativen Fraktion der Kaiserinwitwe Cixi.

Wächterlöwe in Pekings Verbotener Stadt

1900 Die »Boxer« bekämpfen den ausländischen Einfluss und belagern das Pekinger Gesandtschaftsviertel. Alliierte Truppen brechen die Belagerung und verwüsten Teile Pekings.
1911 Im Süden bildet sich eine republikanische Oppositionsbewegung, die nach dem Tod Cixis und Guangxus (beide 1908) an Gewicht gewinnt. Mit dem Kind Puyi auf dem Kaiserthron und zahllosen Intrigen am Hof bricht die Monarchie zusammen. Der Arzt Sun Yatsen wird Präsident, muss die Macht aber an Yuan Shikai, einen ehemaligen Berater des Hofes, abgeben.
1916 Nach dem Tod des diktatorisch regierenden Yuan zerfällt das Reich in von Militärmachthabern *(warlords)* beherrschte Regionen, die sich gegenseitig bekämpfen.
4. Mai 1919 Nationalistische und reformerische Kräfte fordern eine Demokratisierung und »Verwestlichung« Chinas.

1921 In Shanghai wird die Kommunistische Partei (KP) Chinas gegründet.
1925 Chiang Kaishek übernimmt die Führung der nationalistischen Guomindang (GMD).
Ab 1931 Japanischer Truppen greifen von ihrer Kolonie Korea aus den Nordosten Chinas an.
1934 Trotz der Einheitsfront von Kommunisten und Nationalisten gegen die Japaner kämpft Chiang vor allem gegen einheimische Rivalen; er zwingt die KP-Verbände zum Rückzug in unwirtliche Regionen der Provinz Shaanxi: der legendäre »Lange Marsch« (12 000 km). In Yan'an wird Mao Zedong 1935 zum Führer der KP gewählt.
1937 Das massive Vorrücken von japanischen Truppen nach China markiert den Beginn des Zweiten Weltkriegs in Ostasien.
1945–1949 Nach der japanischen Kapitulation bricht der Konflikt zwischen KP und GMD erneut aus.

Mao Zedong am Tian'anmen-Platz

Die GMD-Führung flieht nach Taiwan. Mao ruft am 1.10.1949 die Volksrepublik China aus.
1950 Einmarsch der chinesischen Armee ins unabhängige Tibet.
1958–1961 Obwohl China feudalistisches Agrarland ist, bauen die Kommunisten nach sowjetischem Vorbild die Schwerindustrie auf. Nach der Annexion Tibets 1959 flieht der Dalai Lama nach Indien.
1966–1969 In der »großen proletarischen Kulturrevolution«, die v. a. Ausdruck eines Machtkampfes in der KP-Führung ist, sollen »Rote Garden« alle Reste »bourgeoiser Kultur« zerschlagen. Millionen Menschen werden aufs Land verschickt oder ermordet.
1972 Der Besuch des US-Präsidenten Nixon legt den Grundstein für Chinas Öffnung.
1976 Im Januar stirbt Premierminister Zhou Enlai, im September Parteichef Mao Zedong. Nach heftigen Fraktionskämpfen wird die linke »Viererbande« um Maos Witwe gestürzt. Die rechte »Modernisierungsfraktion« um Deng Xiaoping setzt sich durch.
1989 Wochenlang demonstrieren im ganzen Land Millionen gegen die Korruption in der KP und für Demokratie. Tausende Pekinger besetzen den Tian'anmen-Platz, bis die Armee ihn in der Nacht vom 3. auf den 4. Juni gewaltsam räumt. Mehrere Tausend Menschen kommen dabei ums Leben.
Ab 1990 Trotz ihres Ansehensverlustes kann die KP ihre Position konsolidieren. In der Außenpolitik werden die Beziehungen zu Süd-

korea, Russland und Vietnam normalisiert. Nach innen wird die Opposition unterdrückt.

1997 Im Februar stirbt Deng Xiaoping. Im Juli fällt Hongkong an China zurück.

1999 Im Dezember fällt Macau zurück an China.

2001 China wird Mitglied der Welthandelsorganisation (WTO).

Ab 2002 Mit Hu Jintao und Wen Jiabao tritt eine neue Führungsgeneration an. Die Modernisierung wird beschleunigt, wodurch die soziale Ungleichheit wächst.

2003/05 Mit zwei bemannten Weltraummissionen demonstriert China seinen Anspruch als Welt(raum)macht.

2008 Die Demonstrationen von Tibetern gegen die chinesische Staatsmacht erregen international Aufsehen. Ein schweres Erdbeben in Sichuan fordert über 70 000 Tote. Im August finden die Olympischen Sommerspiele in Peking statt.

2009 In Xinjiang werden Proteste der Uiguren wegen ethnischer Benachteiligung niedergeschlagen.

2010 Zentrales Thema der »Expo der Superlative« in Shanghai ist eine »nachhaltige Ökologie«. Der inhaftierte Schriftsteller Liu Xiaobo erhält den Friedensnobelpreis.

2013 Xi Jinping wird Staatspräsident und Parteivorsitzender und Li Keqiang Premierminister.

2014 Die Studentenproteste gegen eine Wahlrechtsreform in Hongkong, die die Macht der Pekinger Kommunistischen Partei stärkt und die Demokratie schwächt, stürzen Hongkong in eine politische Krise.

2017 Nach Mao Zedong und Deng Xiaoping lässt Xi Jinping als Parteivorsitzender zu Lebzeiten eine neue, nach ihm benannte Führungsideologie in die Verfassung der Kommunistischen Partei Chinas aufnehmen.

2019 Der Handelskonflikt zwischen China und den USA spitzt sich zu. Nach vierjähriger Bauzeit eröffnet im September der neue Flughafen Beijing New International Airport in Peking-Daxing.

DYNASTIEN

20.–11. Jh. v. Chr.: Xia- und Shang-Dynastie (legendär)
11. Jh.–221 v. Chr.: Zhou-Dynastie
772–476 v. Chr.: Frühlings- und Herbstperiode
475–221 v. Chr.: Streitende Reiche
221–206 v. Chr.: Qin-Dynastie
206 v.–220 n. Chr.: Han-Dynastie
220–280: Drei Reiche
265–419: Westliche und Östliche Jin-Dynastie
420–589: Verschiedene Süd-Dynastien
581–618: Sui-Dynastie
618–907: Tang-Dynastie
907–960: Fünf Dynastien und Zehn Königreiche
960–1279: Song-Dynastie
1279–1368: Yuan-Dynastie
1368–1644: Ming-Dynastie
1644–1911: Qing-Dynastie
1911–1949: Republik China
Seit 1949: Volksrepublik China

NATUR & UMWELT

LANDSCHAFTEN

China bietet mit seinen gigantischen Ausmaßen Platz für verschiedenste Landschaften: Im Nordosten bilden sibirische Nadelwälder die Grenze zu Russland. Weiter westlich folgen die Wüsten- und Graslandschaften der Inneren Mongolei, die große Lössebene bis nach Xi'an sowie ein Gürtel von 1000 bis 2000 m hohen Gebirgen. In die Berglandschaft hinein ragt das Sichuan-Becken, eine fruchtbare Gegend, die von 2000 bis 3000 m hohen Bergen begrenzt wird. Die Mitte des Landes bildet der Yangzi. Weiter südlich liegt das Yunnan-Guizhou-Plateau. Ein 100 bis 500 km breiter, landwirtschaftlich intensiv genutzter Flachlandstreifen mit Flüssen und Seen erstreckt sich entlang der Küste; die Küstenstädte werden jedoch von der Industrie geprägt. Den subtropischen Südosten durchzieht das südchinesische Bergland, wo Reis angebaut wird. Zweigeteilt präsentiert sich Chinas Westen: Die autonome Region Xinjiang wird beherrscht von der Taklamakan-Wüste südlich des Tarim-Flusses, und im Süden davon türmen sich die 4000 und 5000 m hohen Gipfel des Qinghai-Tibet-Plateaus auf, gefolgt von den 8000ern des Himalaja. Mit kilometerlangen Sandstränden lockt die tropische Insel Hainan.

NUTZPFLANZEN

Den unkontrollierten Abholzungen der letzten Jahrhunderte stehen heute gezielte Aufforstungsprogramme gegenüber. Etwa 20 % des Landes sind wieder mit Wald bedeckt. Die Vegetation wird in China aber weitgehend

Große, kräftige Teeblätter aus Yunnan ergeben hochwertige, aromatische Sorten

von Nutzpflanzen bestimmt. Den Nassreis findet man v. a. südlich des Yangzi. Das Sichuan-Becken ist mit zwei bis drei Ernten pro Jahr sehr fruchtbar, und auch das Hochland von Yunnan, wo es sogar noch letzte Reste eines Regenwalds gibt, bietet günstige Bedingungen für Tabak, Ölsaaten, Heilkräuter und Tee. Teesträucher bedecken Hügel in der Gegend von Shanghai und Hangzhou. Ganz im Süden und an der Südostküste wachsen Bananen, Zitrusfrüchte, Litschi und Mango, aber auch Öl- und Kokospalmen, Kaffee und Zuckerrohr. Der verstärkt industriell verwertete Bambus, die Hauptnahrungsquelle des Pandas, wächst v. a. in den Regionen südlich des Yangzi.

FAUNA

Etwa 1600 Tierarten kommen in China vor. Viele davon sind auch in Mitteleuropa gut bekannt. Das berühmteste Tier Chinas ist sicher der Große Panda. Jedoch gibt es nur noch ca. 1000 frei lebende Exemplare. Um ihn vor dem Aussterben zu bewahren, wurden Nationalparks eingerichtet: Baishui im Südosten von Gansu und Jiuzhaigou in Sichuan.

In abgeschiedenen Gebieten des Landes leben vereinzelt Tiger, Schwarzbären, Moschusochsen; in der Inneren Mongolei sieht man häufig Kamele, Esel und Pferde. Südchina ist Lebensraum von tropischen Vögeln, Affen, Zibetkatzen und Leoparden. Im Hochland findet man Gämsen und den zotteligen Yak, auch Grunzochse genannt.

DIE UMWELT – EINE KATASTROPHE

Dass man alles kontrollieren und nutzen kann, ist tief im chinesischen Denken verankert. So begann der Raubbau an der Natur bereits vor vielen hundert Jahren und hat sich durch die Modernisierung des Landes gewaltig intensiviert. Der 3-Schluchten-Damm › S. 132 am Yangzi ist aber das bisher extremste Beispiel dieser Entwicklung.

Seit der Wirtschaftsreform zählen nur noch die Ertragszahlen, und so sind Flüsse und Seen, ja selbst das Meer verseucht. Seit 2006 gilt der Flussdelfin, der im Yangzi heimisch war, als ausgestorben, und auch der nur dort vorkommende Glattschweinswal ist bedroht. Zu den Städten mit der weltweit höchsten Luftverschmutzung zählen auch viele chinesische. Die bebauten Flächen breiten sich rasant aus, vor allem im wirtschaftlich erfolgreichen Osten, gerade dort, wo Landwirtschaft überhaupt möglich ist. Als Folge davon wird der Ackerbau unter massivstem Einsatz von Dünger und Pestiziden intensiviert.

In den letzten Jahren hat die chinesische Regierung zwar weitere Gesetze zum Umweltschutz erlassen, die jedoch – auch wegen der massiven Korruption – nur schleppend umgesetzt werden. Die Beseitigung der Umweltschäden kostet den chinesischen Staat ein Vielfaches von dem, was durch die blinde Wachstumsideologie der letzten Jahre in die Taschen weniger Privatunternehmer geflossen ist.

DIE MENSCHEN

Nach der jüngsten, der 6. Volkszählung 2010, ist China mit rund 1,34 Mrd. Einwohnern das bevölkerungsreichste Land der Erde. Geschätzt sind es inzwischen aber weit mehr. Die nächste Volkszählung findet 2020 statt.

Zwischen den Jahren 1953, als 583 Mio. Chinesen gezählt wurden, und 2000 verdoppelte sich die Bevölkerung des Landes. Zur Eindämmung des Wachstums führte die Regierung in den 1970er-Jahren die 1-Kind-Politik ein, die aber nur teilweise erfolgreich war. Tatsächlich leben heute in China mehr als die 1,4 Mrd. Menschen, die offizielle Statistiken nennen.

GEBURTENKONTROLLE

Seit 2015 gehört die 1-Kind-Politik der Vergangenheit an. Um das Bevölkerungswachstum zu kontrollieren, wurden bis dahin Verhütungsmittel verteilt und Frauen bis zum achten Schwangerschaftsmonat zur Abtreibung gedrängt. Wer mehr Kinder als erlaubt bekam, musste Geldstrafen zahlen, die Kinder waren generell benachteiligt. Da die traditionelle chinesische Lebensauffassung männliche Nachkommen verlangt – nur sie können die Ahnenverehrung durchführen –, wurden vor allem in ländlichen Gebieten Mädchen abgetrieben. So kamen im Jahr 2010 auf 100 Chinesinnen etwa 118 Chinesen. Nun darf jedes Paar 2 Kinder haben. Über eine weitere Lockerung oder gar Abschaffung der Beschränkung wird diskutiert.

SOZIALGEFÜGE

Nur noch knapp die Hälfte der Chinesen lebt auf dem Land, doch schon lange sind nicht mehr alle als Bauern. Den »eisernen Reistopf«, d.h. die garantierte kollektive, minimale Grundversorgung, gibt es nicht mehr. Millionen Landbewohner fanden eine andere Beschäftigung in der neu angesiedelten Industrie und in Handwerkergenossenschaften. Doch rund 200 Mio. Menschen ziehen auf der Suche nach Jobs als Wanderarbeiter umher.

Neben einer besseren Versorgung der Städte hat die Wirtschaftsreform vor allem zu ungleicher Verteilung geführt. In den entlegenen Gebieten sind nach wie vor Kinderarbeit, Analphabetismus und Armut weit verbreitet, auch die Sterblichkeitsraten steigen, während in den östlichen Küstengebieten der Wohlstand unübersehbar ist. Aber gerade in den modernen Metropolen gerät das alte Sozialgefüge aus den Bahnen: Alte verlieren Arbeit und Wohnung, Kranke müssen für Behandlungen teuer bezahlen, und die steigenden Lebenshaltungskosten fressen in einer Durchschnittsfamilie Einkommenszuwächse schnell auf. Organisierte früher die *danwei* (Einheit) alles, so ist diese nun aufgelöst, ohne dass der Staat Ersatz dafür geschaffen hätte. Eine geordnete Steuerpolitik wurde nicht durchgesetzt, und der

Aufbau von Sozialversicherungen kommt weiterhin nur schleppend voran.

SPRACHE UND SCHRIFT

Die chinesische Schrift setzt sich aus komplexen Zeichen zusammen, die alleine oder mit anderen Zeichen einen Sinn ergeben, also häufig, aber nicht immer, einem Wort entsprechen. Die meisten Zeichen bestehen schon seit 2000 Jahren weitgehend unverändert. Einige entstanden aus Bildern, etwa Sonne, Mensch oder Baum, andere aus der Kombination von Bildern, z. B. zwei Bäume = Wald. Die meisten Zeichen sind allerdings völlig abstrakte Kompositionen.

Ein Kalligraf beim Üben der Siegelschrift aus der Qin-Dynastie

Bei der Aussprache hilft nur fleißiges Auswendiglernen, denn ein direkter Bezug zwischen Zeichen und Lauten existiert nicht. Jedem Zeichen ist eine Silbe zugeordnet, jedoch gibt es lediglich etwa 420 mögliche Silben. Zwangsläufig werden also viele Zeichen gleich ausgesprochen. Um eine bessere Unterscheidung zu ermöglichen, spricht man die Silben in verschiedenen Tonhöhen aus. Das Hochchinesische unterscheidet vier Töne, andere Dialekte auch mehr, das Kantonesische zum Beispiel acht. Da sich die Töne mit unterschiedlichen Zeichen verbinden, sind diese bedeutungstragend, wie man am Beispiel der Silbe *ma* erkennen kann. Damit kann »Mutter«, »Hanf«, »Pferd«, »schimpfen« oder unbetont eine Fragepartikel gemeint sein. Oft ergibt sich die Bedeutung aus dem Sprechzusammenhang, aber wenn Chinesen sich dennoch nicht verständigen können, malen sie gerne das Schriftzeichen in die Handfläche. Die Ausspracheunterschiede der Dialekte sind enorm, doch die Zeichen sind im ganzen Land gleich.

Wie viele Schriftzeichen es gibt, ist unklar: Zum Zeitunglesen reichen etwa 3000, gebildete Chinesen kennen an die 6000; ein Alltagswörterbuch verzeichnet 8000. Ein umfassendes Wörterbuch des 17. Jhs. listete dagegen 47 000 Zeichen auf.

Schon im 17. Jh. bemühten sich Missionare um eine einheitliche lateinische Umschrift, jedoch ohne Erfolg. Jetzt gilt das von der UNO anerkannte *hanyu pinyin,* das auch in diesem Führer benutzt wird. Ausnahmen sind in die deutsche Sprache übernommene Namen wie etwa Peking, Kanton oder Chiang Kaishek.

PHILOSOPHIE & RELIGION

In China entwickelten sich die bis heute bestimmenden Philosophien etwa 500 Jahre vor der Zeitenwende.

Sichtbare Ausprägung finden die asiatischen Philosophien als Religionen, was sie aber nur in einer stark vereinfachten Version sind. Diese Religionen haben, anders als die westlichen, keine strengen Kirchen herausgebildet, die den Gläubigen bestimmte Verhaltensregeln und Denkweisen vorschreiben.

Religion ist in Asien eine rein private Angelegenheit, die jeder Einzelne mit seinen Göttern ausmacht. Und meist sind mehrere Götter und gottähnliche Wesen im Spiel, die je nach Spezialisierung um Hilfe gebeten werden. Die Religionsgründer werden als weise Menschen verehrt und nicht als Götter angebetet.

Anders als die monotheistischen Religionen Christentum und Islam versuchten die asiatischen Religionen zudem keine Missionierung, schon gar nicht mit Feuer und Schwert. Eine Atmosphäre der Toleranz umgibt so das religiöse Leben Ostasiens. In China mag dies in den letzten 50 Jahren für das Verhältnis des Staates gegenüber den Glaubensgemeinschaften nicht zutreffen, für das Verhältnis der Religionen untereinander und für das Leben im Tempel stimmt es aber zweifellos.

Der Philosoph Konfuzius

KONFUZIANISMUS

Strenge soziale Hierarchie und moralische Grundeinstellungen kennzeichnen das Gedankengebäude des Konfuzianismus. Seine Gesellschaft ordnet sich nach »fünf Grundbeziehungen«: zwischen Herrscher und Minister, Vater und Sohn, Ehemann und Ehefrau, älterem und jüngerem Bruder, Freund und Freund. Nur die Beziehung zwischen Freunden kann gleichberechtigt sein, ansonsten muss sich immer der tiefer stehende Partner unterordnen, darf aber auch Wohlwollen von dem anderen erwarten. Die Moral ergibt sich aus den »fünf Grundtugenden«: Menschlichkeit, Rechtlichkeit, Sitte, Wissen und Glaubwürdigkeit. Niemand darf einem anderen etwas antun, das er nicht selbst erleiden will. Dies galt auch für den Herrscher, der die Aufgabe hatte, für sein Volk zu sorgen. Andernfalls konnte er abgesetzt werden.

Anhaltende Bedeutung erhielt der Konfuzianismus erst, als die Han-Dynastie ihn in ihrem Sinne neu interpretierte und zur Staatsdoktrin erhob. In der Song-Dynastie erfolgte dann eine weitere, noch orthodoxere Neuinterpretation. Der Konfuzianismus ist bis heute in der starken gesellschaftlichen Hierarchie wirksam, in der Allmacht der Herrscher, im Ansehen nach Position statt nach Leistung und in der geringeren Achtung von Frauen. Mittlerweile hat sich die Kommunistische Partei des Konfuzianismus bemächtigt und ihn – mangels anderer Ideologie – zu einem partiell fremdenfeindlichen Nationalismus ausgebaut.

BUCHTIPP: Einblicke geben die Schriften des Konfuziusschülers Menzius: **»Meng Zi, die Lehrgespräche des Meisters Meng K'o«,** Berlin, Sammlung Hofenberg, 2016.

GLOSSAR

- **Amitabha** Buddha des unermesslichen Glanzes, Herrscher über den Westen.
- **Bodhisattwa** Buddhistischer Erleuchteter, der seinen Eingang ins Nirwana aufschiebt, um anderen zu helfen.
- **Guanyin** Göttin der Barmherzigkeit, ursprünglich der (männliche) Bodhisattwa Avalokiteshvara.
- **Konfuzius** Auf den aus Qufu im Staate Lu stammenden Fürstenberater und Lehrer (551–479 v. Chr.) geht der von seinen Schülern formulierte Konfuzianismus zurück.
- **Laozi** Der Eremit und Begründer des Daoismus lebte etwa zeitgleich mit Konfuzius.
- **Luohan** Buddhistischer Schüler, in der Regel werden 18 an den Seitenwänden von Tempeln dargestellt, manchmal gibt es auch Hallen mit 108 oder 500 Luohan. Ihre Darstellung ist realistisch, da die Schüler sich noch am Anfang des Wegs zur Erleuchtung befinden.
- **Maitreya** Buddha der Zukunft, soll 4000–5000 Jahre nach Sakyamuni die Menschen erneut erlösen, in China seit dem 10. Jh. auch als Milefo dargestellt.
- **Milefo** Lachender Dickbauchbuddha in der ersten Tempelhalle.
- **Sakyamuni** Der historische Buddha, Prinz Siddharta Gautama, erlangte später die Erleuchtung und ging bei seinem Tod direkt ins Nirwana ein; wird gerne in Meditationshaltung dargestellt.
- **Tantrismus** Eine exotische, nur wenigen Eingeweihten zugängliche Form des Buddhismus in Tibet, die auch die Verschmelzung der Geschlechter in rituell-orgiastischen Ritualen vorsah; heute kaum noch verbreitet.

BEEINDRUCKENDE TEMPEL

- Der große **Lamatempel** in Peking folgt der tibetischen Richtung des Buddhismus, dem Lamaismus, und zeigt in Nebengebäuden Figuren des tantrischen Buddhismus. > S. 69
- Der **Konfuziustempel** in Peking widmet sich der Verehrung des Philosophen, von dem Texte neben den Namen erfolgreicher Prüfungsabsolventen und militärischer Heldentaten auf Stelen verewigt sind. > S. 70
- Der **Tempel des Jadebuddhas** in Shanghai folgt der traditionellen, symmetrisch angelegten Bauweise und beherbergt zwei schöne wertvolle Jadestatuen. > S. 110
- Im **Wong-Tai-Sin-Tempel** in Hongkong wird ein daoistischer Heiliger verehrt. Täglich bringen viele Menschen Opfergaben und lassen sich die Zukunft wahrsagen. > S. 157
- Das **Kloster Po Lin** auf der Insel Lantau in Hongkong wurde im klassischen buddhistischen Stil errichtet und ist mit einem großen freistehenden Bronzebuddha jeden Tag das Ziel zahlloser Pilgerscharen. > S. 158
- Am **Ahnentempel der Familie Chen** in Kanton lässt sich die Bedeutung des Kults um die Vorfahren in China erkennen. Er ist zudem ein herausragendes Beispiel der südchinesischen Tempelbauweise. > S. 165

DAOISMUS

Etwa gleichzeitig mit Konfuzius soll ein weiser Eremit gelebt haben, der einfach Laozi (alter Meister) genannt wurde und als Begründer des Daoismus gilt. Oft wird angenommen, Laozi habe das *Daodejing* geschrieben, doch besteht dies aus erst später gesammelten Sinnsprüchen. Während der Konfuzianismus im öffentlichen Bereich wirkt, konzentriert sich der Daoismus auf das Private. Nicht gesellschaftliche Normen oder Hierarchien sollen das Leben bestimmen, sondern das Handeln des Einzelnen im Einklang mit dem *dao*. Das *dao* (oft als »Weg« übersetzt) ist das rechte Verhältnis des Menschen zu seiner Umgebung, anderen Menschen und der Natur. Es ist eine in allem wirkende, produktive und steuernde Kraft, die nur im Verschmelzen mit der Natur erfahren werden kann. Das Erfolg versprechendste Verhalten dafür ist *wu wei*, das Nicht-Eingreifen. Das bedeutet nicht Tatenlosigkeit, sondern nur, dass man nicht im Widerspruch zu seiner Umwelt leben soll.

Vor allem Künstler wurden von diesen Ideen angesprochen. Traditionelle Maler zeigen z. B. fließende Natur mit winzig kleinen, auf den ersten Blick kaum auffallenden Menschen. Aber auch die gesamte traditionelle Medizin beruht auf Erhaltung der Ausgewogenheit des Körpers. Eng verbunden mit dem Daoismus ist die Lehre der gegensätzlichen Pole *yin* und *yang*: Das *yin* steht für das Weibliche, Schwache, Dunkle, Kalte, Passive, den Norden, die geraden Zahlen usw., das *yang* für das Männliche, Starke, Helle, Warme, Aktive, den Süden, die ungeraden Zahlen. Erst die perfekte Synthese schafft ein Ganzes. Das *yin-yang*-Symbol verdeutlicht, dass jedes Element den Kern seines Gegensatzes in sich trägt.

Buddhistische Novizen versammeln sich an einem Tempel zum Gebet

BUDDHISMUS

Der als Buddha verehrte Religionsstifter Siddharta Gautama lebte etwa 563–483 v. Chr. als indischer Prinz, der sich auf eine lange Wanderung, die Suche nach der Wahrheit, begab. Unter einem Bodhibaum erlangte er Erleuchtung: die Erkenntnis, dass das menschliche Leben ein Leidensprozess ist, ausgelöst durch Begierde und Unwissenheit. Durch Entsagung und Meditation kann der Mensch aber eine höhere Stufe erreichen, aus dem Kreislauf der Wiedergeburten ausbrechen und ins Nirwana eingehen.

Die Lehre des Buddhismus, die man im Sinn ihres Erlösungscharakters als echte Religion bezeichnen muss, breitete sich ab dem Jahr 65 n. Chr. über die Seidenstraße in China aus. Das buddhistische Gedankengut fügte sich gut in das chinesische Denken, wurde hier aber von einer individuellen in eine Familienreligion abgewandelt.

Nach der ursprünglichen Lehre des Hinayana-Buddhismus muss jeder Mensch den Weg der Erleuchtung allein finden, während der chinesische Mahayana-Buddhismus die Hilfe von Bodhisattwas zulässt. Dies sind Menschen, die ihren endgültigen Übergang ins Nirwana aufschieben, um anderen zu helfen. Diese Version nahm sogar gottähnliche Wesen aus anderen Religionen auf. Eigentlich können Bodhisattwas nur männlich sein, doch in China wandelte sich der Bodhisattwa Avalokiteshvara zur Guanyin, der Göttin der Barmherzigkeit. Sie wird entweder stehend mit einem gen Himmel weisenden Zeigefinger und einer Flasche für heiliges Wasser in der Hand dargestellt oder in Meditationshaltung sitzend mit bis zu elf Köpfen und 1000 Armen, die ihre Großmütigkeit repräsentieren.

Maitreya hingegen, der Buddha der Zukunft, der erst 4000 bis 5000 Jahre nach dem historischen Buddha wieder auf die Welt kommen sollte, hat sich nach chinesischer Darstellung im 10. Jh. als Mönch Qi Ci zu erkennen gegeben. Dieser wird jetzt als Milefo, der lachende Dickbauchbuddha, dargestellt. Ein dickbäuchiger Buddha findet sich in fast allen buddhistischen Tempeln in der ersten Halle, umgeben von den vier Himmelskönigen.

FESTE & VERANSTALTUNGEN

Die meisten chinesischen Feste haben einen religiösen Hintergrund und werden deshalb in der Volksrepublik – wo Tempel meistens als Museen eingestuft werden – kaum begangen.

Einige der Feste der nicht-chinesischen Völker wurden wieder erlaubt, doch ist ihnen ihre Ursprünglichkeit abhanden gekommen. Wer die traditionellen Feste wirklich erleben will, sollte nach Hongkong fahren.

Das größte Fest im Jahr ist das **Neujahrs- oder Frühlingsfest**, das nach dem Mondkalender im Januar/Februar begangen wird. Alles wird gereinigt, es gibt neue Kleidung, rote Umschläge mit frisch gedrucktem Geld, man geht in den Tempel und feiert mit der Familie ausgiebige Bankette. Für Besucher gibt es bei diesem Familienfest aber wenig zu sehen, außerdem sind Millionen Chinesen in ihre Heimat unterwegs. In Hongkong gibt es ein großes Feuerwerk. Zwei Wochen später begeht man mit bunten Umzügen das Laternenfest, den Abschluss des Frühlingsfestes.

Das **Drachenbootfest** im Juni/Juli erinnert an den patriotischen Dichter Qu Yuan, der sich im 3. Jh. aus Protest gegen die korrupten Beamten ertränkte. Es hat heute mehr sportlichen Charakter und wird groß in Hongkong und auf einigen Nebenflüssen des Yangzi begangen.

Einige Feste haben einen lokalen Charakter, etwa das **Eisfest** im Januar in Harbin, bei dem große Eisskulpturen geschnitzt werden, das **Wasserfest** › S. 146 der Dai in Yunnan im April, das **Brötchenfest** auf der Insel Cheung Chau in Hongkong im Mai oder das **Konfuziusfest** Ende September in Qufu, der Heimatstadt des großen Philosophen.

KUNST & KULTUR

Wie in vielen Gesellschaften entstand auch in China die frühe Kunst meist in Zusammenhang mit religiösen Zeremonien und Riten zu besonderen Zeiten des menschlichen Lebens.

Heute erhaltene Zeugnisse stammen vor allem aus den Gräbern der Feudalherrscher. Man darf also nicht fälschlicherweise davon ausgehen, dass die bekannten Kunstwerke in der gesamten chinesischen Gesellschaft verbreitet waren. Kunst war vielmehr ein Privileg des reichen Adels. Sie wurde von den Herrscherdynastien gefördert und später von den Gelehrten und Beamten gepflegt, die sich nur zum Teil als Amtsinhaber, auf jeden Fall aber als Künstler sahen.

Die Herrscher der Tang-Dynastie nahmen ihr tönernes Gefolge mit ins Grab

KUNST UND RELIGION

Die Grabanlagen der chinesischen Herrscher waren als Spiegelbild des oberirdischen Reichs prächtig ausgestattet. Schließlich sollte es der kaiserlichen Seele über den Tod hinaus an nichts fehlen. Außer den Tausenden von Terrakottakriegern am Grab des ersten Kaisers Qin Shihuangdi › S. 94 fanden sich auch in anderen Gräbern ganze Armeen kleinerer Soldaten und Reiter. Die frühesten Grabfiguren bestanden aus Ton, wurden bei niedrigen Temperaturen unglasiert gebrannt.

Die Künstler, die ihre Werke mit Stempeln versahen, bemühten sich um eine lebensnahe Darstellung von Menschen, Tieren und auch Häusern, vor allem in der Han-Dynastie. Einen Höhepunkt erreichte die Kunst der Keramikfiguren in der Tang-Dynastie. Während vorher die gebrannten Figuren farbig bemalt wurden, setzte sich jetzt die Glasur durch, zunächst einfarbig, später dreifarbig *(sancai)* in Grün, Gelb und Braun. Mit der wirtschaftlichen und kulturellen Weltoffenheit nahm auch die Themenvielfalt zu: Man stellte nun elegante Damen, Händler aus der Ferne, Musiker, Pferde und Kamele dar.

Die kolossalen Wächterfiguren von Tieren und Menschen auf den Seelenwegen zu den Kaisergräbern zeigen, dass man sich außerdem auf die Bearbeitung von Stein verstand. Die ältesten bekannten Skulpturen schmücken das in der Nähe von Xi'an gelegene Grab des Han-Generals Huo Qubing › S. 96. Es handelt sich dabei um grob gehauene Tierdarstellungen. Später kamen Menschenabbildungen hinzu. Wieder fand in der Tang-Dynastie eine Hinwendung zur naturalistischen Darstellung und kunstvollen Ausarbeitung statt. Die Ming-Dynastie wollte nach der Mongolenherrschaft an alte Traditionen anknüpfen und schuf noch größere Figuren, wie bei den Kaisergräbern nördlich von Peking › S. 78.

Zu den religiösen Kultgegenständen gehören die Bronzen, von denen einzelne Fundstücke etwa 3000 Jahre alt sind. Besonders aufwendige Stücke wurden für das Darbringen der Tieropfer und als Aufbewahrungsgefäße für Opfergaben geschaffen, etwa die Dreifüße, große Schüsseln und Weingefäße. Das Dekor wurde eingraviert oder trat plastisch hervor. Beliebte Motive waren mystische Tiere, Blumenranken und geometrische Bänder.

KUNST DES BUDDHISMUS

Die religiöse Kunst des Buddhismus kam mit dem Glauben aus Indien und wurde in China nur variiert. Stilisierte Buddhadarstellungen demonstrieren die Entrücktheit des ins Nirwana Eingegangenen. Sitz- und Handhaltung

TIERISCHE SYMBOLE

Wer fürchtet sich vor dem Feuer speienden Drachen? Niemand – in China! Denn hier ist das mächtige Schuppentier überaus wohlwollend, es bewacht Berge und Flussläufe und den Osten, in dem die Leben spendende Sonne aufgeht. In künstlerischen Darstellungen spielen die schlanken Drachen meist mit einer Perle, dem Symbol des Donners, und dieses Spiel erzeugt Regen, eine leicht durchschaubare sexuelle Anspielung auf die Zeugungskraft des immer männlichen Drachens. Seit der Han-Dynastie repräsentiert der Drache mit fünf Klauen den Kaiser, der vierkrallige die Prinzen und der dreikrallige die obersten Beamten. Drachen zieren die kaiserlichen Gewänder, umschlingen Säulen im Palast, schmücken Hallendecken, Möbel, Porzellan und was immer man sich vorstellen mag.

Seine Ergänzung findet der kaiserliche Drache im Phönix, einem mythischen Vogel, der auch in China ursprünglich als männlich angesehen wurde, aber seit der Ming-Dynastie für die Kaiserin steht. Bei anderen Tieren geht man von ihren natürlichen Eigenschaften aus, etwa bei der langlebigen Schildkröte. Durch seine Wölbung symbolisiert ihr Panzer den Himmel, der flache Bauch hingegen die Erde, beide zusammen die Langlebigkeit. So steht denn der Löwe als Wächter für Kraft, das Pferd für einen starken Willen, der Pfau für Schönheit, der Affe für Schlauheit.

Und wenn man kein passendes Tier hat, dann schafft man sich eben eins. Der *qilin* zum Beispiel, mit Hirschkörper, Rinderschwanz, Schuppenhaut und weichen, Fell überzogenen Hörnern, sitzt aufmerksam auf den Hinterbeinen und wacht freundlich über eine gute und friedfertige Regierung, der Musterbeamte sozusagen. Ihm ähnlich, aber ebenso Produkt von Legenden und Mythen, ist der gerechte *xiezhi*, der Richter, der so dargestellt wird: massiger Körper, gespaltene Hufe, lange Mähne und Hundekopf.

sowie der Faltenwurf des Gewandes sind hoch formalisiert und mit Bedeutungen belegt. Bodhisattwas nehmen auch in der künstlerischen Ausprägung eine Zwischenstellung ein. Sie besitzen eine größere Formenvielfalt als die Luohan, die Buddhaschüler, die hingegen relativ naturalistisch den Menschen nachgebildet sind.

Drachen gelten als die Bewacher von Bergen und Flüssen

KALLIGRAFIE

Malerei und Kalligrafie haben einen ausgeprägt eigenständigen Charakter. Die Kalligrafie ist nicht allein »Schönschrift«, sondern eine eigene Kunstform, die innerhalb der Tradition eine größtmögliche Individualität erlaubt. Sie wird mit den »Vier Kostbarkeiten des Studios« ausgeführt: Papier, Pinsel, Tusche und Reibstein. Die Tusche wird in Stangenform aufbewahrt, auf dem Reibstein abgerieben und mit Wasser vermischt. Das Mischungsverhältnis entscheidet über die Intensität von Hellgrau bis Tiefschwarz. Das Papier ist sehr saugfähig und zeigt kleinste Unterschiede in Pinselhaltung und -druck. Sobald der Pinsel das Papier berührt, entsteht eine Abbildung, die, anders als etwa bei der Ölmalerei, nicht korrigiert werden kann.

TRADITIONELLE MALEREI

Die Verbindung zwischen Kalligrafie und Malerei ist außerordentlich eng. Schriftzeichen sehen aus wie Figuren, und Gedichte werden auf Gemälden wiedergegeben. Das Format der traditionellen Malerei ist eigentlich die Querrolle, oft meterlang, die man in den Händen hielt, abschnittsweise betrachtete und dann wieder in einer Truhe verwahrte. Erst in der Song-Dynastie setzte sich allmählich die Längsrolle durch, die für einige Zeit, aber keineswegs dauerhaft, an der Wand hängen konnte.

In der chinesischen Malerei hat die Landschaft einen hohen Stellenwert. Berge in Wolken bestimmen die Vertikale, vielleicht ein Fluss die Horizontale, irgendwo ein verschwindend kleiner Mensch, alles flächig, ohne Zentralperspektive und Tiefe. Denn Erlernen der Malerei bedeutete Kopieren alter Meister; erst wer dies perfekt beherrschte, konnte daran denken, einen eigenen Stil zu entwickeln. Als weitere Motive finden sich Tierdarstellungen, vor allem Fische oder Pferde in Bewegung, aber auch Vögel und Tiere mit einer symbolischen Bedeutung, wie etwa Schildkröten, Reiher und Zikaden. In der Blumenmalerei stehen die »Vier Edlen« im Vordergrund: Orchidee, Pflaumenblüte, Chrysantheme und Bambus, die jeweils eine Jahreszeit verkörpern. Menschen erscheinen in der Regel als Porträts hochgestellter Persönlichkeiten, gelegentlich als Typ, etwa als Eremit oder Mönch. Der chinesische Künstler betreibt die Kunst entweder um ihrer selbst willen, als Freizeitbeschäftigung für Auge und Geist, wie der Beamte, oder als Handwerker, der technisch perfekt arbeitet. Schnitzereien in Jade, Stein und Elfenbein belegen dies. Und das Schriftzeichen auf einem winzigen Reiskorn muss als Höhepunkt der Perfektion gesehen werden.

PALASTARCHITEKTUR

Seit der Ming-Dynastie sind die grundlegenden Prinzipien wichtiger Bauten gleich geblieben, ob es sich dabei um Tempel, große Wohnanlagen oder Kaiserpaläste handelte. Alles richtet sich nach der Mitte aus, der fünften und wichtigsten Himmelsrichtung. Zudem musste der Norden, der als dunkel und kalt galt, geschützt werden, während sich die Anlage nach Süden, zur Sonne hin, öffnen sollte. Dadurch entsteht die Betonung einer Nord-Süd-Achse, auf der wichtige Gebäude hintereinander mit dem Eingang nach Süden liegen.

Aus der traditionellen Vorstellung, die Erde sei eine quadratische Scheibe, ergibt sich die zweite Achse, rechtwinklig zur ersten, von Osten nach Westen. Prestigeträchtige Anlagen sind also quadratisch oder zumindest rechteckig.

Die Gebäude selbst setzen sich aus standardisierten Teilen zusammen. Kannte der Baumeister die Länge des *jian,* des Abstandes zwischen zwei Säulen, dann konnte er praktisch das gesamte Gebäude konstruieren. Basis ist eine Plattform, vom gestampften Lehmboden bis zum dreistufigen Bruchsteinunterbau im Kaiserpalast. Darauf ruhen die Säulen, die statisch wichtigsten Gebäudeteile, die allein das Dach tragen. Die Wände werden nachträglich zwischen die Säulen gesetzt, sind dünn, oft reich verziert, tragen aber keine Last. Das Dach ist meist der imposanteste Teil des Gebäudes. Auf eine Holzbalkenkonstruktion werden Bretter genagelt, darauf wird Mörtel aufgetragen, in den die Dachziegel gebettet werden. Hohe Beamte durften glasierte und gebrannte Ziegel verwenden, doch die Farbe Gelb blieb allein dem Kaiser vorbehalten. Mehrstufige Walm- oder Walmfußdächer markierten wichtige Hallen und Tore.

Bedeutende Ausnahme sind die schlanken, hoch aufragenden Pagoden. Doch sie gelten als »indische« Bauten, die mit dem Buddhismus nach China gelangten. Sie haben übrigens immer eine ungerade Anzahl von Stockwerken und eine gerade Anzahl von Kanten.

ZEITGENÖSSISCHE KUNSTSZENE

Nach dem »Langen Marsch« beschlossen die kommunistischen Kader 1942, dass die Kunst sich in den Dienst der Partei zu stellen habe. Seit 1978 erlaubte man zwar einige Freiheiten, doch Zensur und Kampagnen gegen Künstler verhinderten eine Neuorientierung der Kunst. In den letzten Jahrzehnten wandten sich jedoch viele Künstler radikal gegen die traditionellen Vorlagen und stürzten sich auf westliche Vorbilder. Daneben etablierte sich eine Avantgarde mit Künstlern, die international zu Stars avancierten, wie z. B. Fang Lijun oder Yang Shaobin, der 2006 in seinen Bildern das Leben chinesischer Bergleute thematisierte. In Pekinger Bezirk Dashanzi ist das ehemalige Fabrikgelände 798 › S. 70 mit seinen Galerien inzwischen eine feste Größe der Kunstszene. Die Gemälde erfolgreicher Gegenwartskünstler Yue Minjun (geb. 1962), Liu Xiaodong (geb. 1963) und Zeng Fanzhi (geb. 1964), erzielten bei Versteigerungen drei bis 17 Millionen Euro. Bilder werden häufig wie am Fließband gefertigt, und man kopiert sich selbst, um Messen und Galerien beliefern zu können. Obwohl China einer der weltweit am schnellsten wachsenden Kunstmärkte ist, rücken einzelne Künstler international erst in den Fokus, wenn sie wie Ai Weiwei (geb. 1957) politisch aktiv sind.

FILM

Auch für die Weiterentwicklung chinesischer Filmkunst gibt es Beispiele: die Filmemacher der »5. Generation«, die 1982 als erster Jahrgang nach der Kulturrevolution die Pekinger Filmakademie abschlossen. Zhang Yimou (geb. 1950) bekam im Westen Preise für seine Werke »Rotes Kornfeld« und die »Rote Laterne«. Seine Hauptdarstellerin Gong Li ist seitdem ein weltweit bekannter Star. Nach der Jahrtausendwende und der Trennung von Gong Li wandelten sich Zhangs Filme jedoch dramatisch und zum Gefallen der Staatsführung. Immerhin rechtfertigen Gewaltorgien wie »Hero« (2002) und »House of Flying Daggers« (2004) die Macht der Herrscher gegenüber ihren Untertanen.

Trotz Zensur ist der chinesische Film nicht mehr von internationalen Festivals wegzudenken: 2007 erhielt Wang Quan'an in Berlin den Goldenen Bären für »Tuyas Hochzeit«, 2010 gewann Li Hongqi in Locarno den Goldenen Leoparden für »Winterferien«, 2014 verlieh die Berlinale Diao Yinan den Goldenen Bären für »Schwarze Kohle, dünnes Eis«. Die heutigen Regisseure haben sich meist einem realistischen Stil verschrieben, zeigen in langen Einstellungen das Leben der kleinen Leute. Die Probleme kreisen um die Wahl des richtigen Partners, die Selbstfindung von Frauen nach der Kulturrevolution und um Fragen der Moral.

Und China ist heute das Land mit den meisten Leinwänden weltweit. Daher drängen auch zunehmend Produzenten aus Hollywood auf den Markt, mit chinesisch-amerikanischen Koproduktionen wie dem Film »The Great Wall« (2017) unter der Regie von Zhang Yimou.

ESSEN & TRINKEN

Zu Recht ist die chinesische Küche berühmt, wenngleich man differenzieren muss. Eine chinesische Küche gibt es nämlich nicht, denn in den Woks brutzelt es nach Region und Temperament der Menschen sehr vielfältig.

Laut Sprichwort ist »der Süden süß, der Norden salzig, der Osten scharf, der Westen sauer«. Ähnlichkeiten gibt es trotzdem. Die Zutaten werden vor dem Garen in kleine Stücke geschnitten und dann nur kurz gekocht oder in Öl gebraten.

Aber schon beim Reis scheiden sich die Geister, wird doch im Norden traditionell mehr Weizen angebaut und zu gedämpften Brötchen, Teigtaschen und Nudeln verarbeitet. Im Süden gedeiht dagegen der Reis, der für die Europäer der Inbegriff chinesischen Essens ist.

KÜCHE DES NORDENS

Die Hauptstadt Peking ist für ihre Enten bekannt. Durch eine winzige Öffnung am Hals wird das Tier mit Luft aufgepumpt, die Haut wird dann mit einer speziellen Marinade eingepinselt und die Ente in extrem heißer Luft in einem Spezialofen gegart. Perfekt ist die Haut schließlich gleichmäßig dunkelbraun und sehr kross – das Beste an der Pekingente.

Im Restaurant zeigt der Koch den Gästen die zubereitete Ente und zerlegt sie mit einem scharfen Messer in Scheiben. Mit einigen Streifen Frühlingszwiebeln wickelt man ein Stück Fleisch in die dazu gereichten hauchdünnen Teigfladen und tunkt das Paket in eine dickflüssige braune Bohnensoße. Bei einem echten Entenbankett werden vorher auch noch Leber, Zunge und Eier, danach eine Suppe aus den ausgekochten Knochen serviert. Auf jeden Fall empfiehlt sich ein Verdauungsschnaps hinterher.

Vor allem im Winter ist der Mongolentopf oder Hotpot beliebt, der nur entfernt an ein Fondue erinnert. In eine würzige Brühe, die auf dem Tisch vor sich hin köchelt, gibt man hauchdünne Hammel- oder Rind-

SPEZIALITÄTENRESTAURANTS

- Krosse und relativ preisgünstige Pekingente serviert das **Jingzun** in Peking. > S. 75
- Die Vielfalt der *baozi* offeriert **Jia San Guan Tang** in Xi'an. > S. 92
- Shanghai- und scharfe Sichuan-Küche gibt es im **Old Shanghai Moon** in Shanghai. > S. 112
- Karpfen aus dem Westsee in saurer Soße schmeckt beonders im **Zhiweiguan** in Hangzhou. > S. 121
- Sonntags geht es zum großen *dim-sum*-Bankett ins **Tao Tao Ju** in Kanton. > S. 167

fleischscheiben, Gemüse, Nudeln und vieles andere nach Belieben, um es nach wenigen Minuten mit den Stäbchen oder Drahtkörbchen wieder herauszufischen. Die Brühe wird allmählich immer schmackhafter und zum krönenden Abschluss als Suppe gelöffelt.

Dampfgegarte, gefüllte Hefeklöße *(baozi)* werden auch zum Frühstück serviert

SPEZIALITÄTEN DES SÜDENS

Besonders scharf geht es in der südwestlichen Provinz Sichuan zu. Frische Chilischoten und gemahlener Sichuanpfeffer sorgen für Schweißausbrüche und Freudentränen. Ente, Rindfleisch, Bohnen und Kohl ebenso wie Huhn und Tofu (Sojabohnenquark) vertragen die feurigen Gewürze herroragend. Wer scharfes Essen nicht gewohnt ist, sollte reichlich trockenen Reis dazu bestellen.

In Shanghai, Hangzhou und Suzhou sollten Sie sich unbedingt einen frischen gedünsteten Süßwasserfisch gönnen. Mit den Stäbchen lassen sich die zarten Fleischstücke bequem von den Gräten nehmen. In dem küstennahen Gebiet stehen aber auch Meeresfische, Garnelen, Krebse und Aale auf der Karte. Typisch ist die etwas ölige, vor allem aus Sojasoße hergestellte tiefbraune Tunke, die über die Gerichte gegossen oder ganz zum Schluss in den Wok gegeben wird. Manchmal werden auch Orangen oder Zitronen zur Geschmacksverfeinerung verwendet, vor allem aber nicht nur bei Fisch, sondern auch bei Huhn.

GETRÄNKE

Ohne Tee ist ein chinesisches Essen kaum vorstellbar. Er reinigt alle beteiligten Organe, löscht den Durst und regt die Verdauung an. Daher wird er vor dem Essen und zum Abschluss serviert und getrunken. Chinesen trinken zum Essen aber oft einfach nur »Weißen Tee«, damit ist abgekochtes warmes Wasser gemeint.

Wer zwischendurch Kaltes liebt, ist mit abgefülltem Wasser – Leitungswasser ist nicht zu empfehlen! – oder Bier bestens bedient. Die Brautradition begründeten übrigens die deutschen Kolonialherren in Qingdao.

Lange verstanden die Chinesen unter »Wein« ihre verschiedenen hochprozentigen Rachenputzer. Am bekanntesten und teuersten ist *maotai,* ein klarer Hirseschnaps aus Guizhou. Allerdings bekommt man heutzutage in vielen Restaurants, Bars und Supermärkten auch richtige und gute Weine aus aller Welt.

Wie der Kamm eines Drachens zieht
sich die Große Mauer über die Berge
im Norden Chinas

TOUREN & SEHENSWERTES

PEKING

Im Himmelstempel beteten Kaiser der Ming- und Qin-Dynastien vom 15. bis 20. Jh. um eine gute Ernte

Mehr als 600 Jahre lang residierten chinesische Kaiser in Peking, der Hauptstadt im Reich der Mitte. Davon zeugen noch heute großartige Bauwerke: allen voran die »Verbotene Stadt«, der Sommerpalast, aber auch Große Mauer und Ming-Gräber.

Die chinesische Hauptstadt glich früher dem Zeichen *zhong* für »Mitte«: ein rechteckiger Kasten mit einem langen Strich von oben nach unten. Auf dieser »kaiserlichen Achse« lag in der Mitte der Palast, von dem aus eine Prachtstraße nach Norden und Süden führte. Im Süden fanden sich direkt an dieser Achse der sehenswerte Himmelstempel in einem ausgedehnten Park und der nicht mehr existierende Ackerbaualtar. Hinter dem Nordtor des Palastes erhebt sich der Kohlehügel, von dem man bei klarem Wetter einen vorzüglichen Blick über die Palastdächer und die Umgebung hat. Dann führt die Achse weiter zum Trommelturm, zum Glockenturm und jetzt zu den olympischen Sportstätten, wo das Stadion und die Schwimmhalle die Achse säumen.

Der rechteckige Kasten wurde früher von der Stadtmauer gebildet, die jedoch nach 1949 abgerissen und durch eine Straße ersetzt wurde, die zweite Ringstraße, unter der auch eine der U-Bahn-Strecken verläuft. Maos Genossen veränderten außerdem die strenge Axialität dadurch, dass sie die ehemals schmale Chang'an-Straße zu einer gewaltigen Aufmarschallee mit fast 40 m Breite ausbauten und die Fläche des Tian'anmen-Platzes mehr als verdoppelten.

In den 1980er-Jahren begann Peking rasend schnell zu wachsen –auf heute etwa 22 Mio Einwohner –, sodass bald Neubaugebiete, weitere Ringstraßen und ein Autobahnring hinzukamen. Dabei wurden die Menschen immer weiter an den Rand gedrängt, während im Zentrum Büros, Läden und teurer Wohnraum vorherrschen. Willkommene Ruhepunkte inmitten der Großstadthektik sind die Grünanlagen am Himmelstempel und der Beihai-Park sowie die Ausflugsgebiete beim Sommerpalast und in den Westbergen.

Der Beihai-Park bringt Grün nach Peking

TOUREN IN DER REGION

TOUR 1

PEKING IN ZWEI TAGEN

ROUTE: Tian'anmen-Platz > Kaiserpalast > Himmelstempel > Houhai oder Sanlitun > Große Mauer

KARTE: Seite 59
DAUER: Zwei Tage, davon mindestens ein halber Tag für den Kaiserpalast.
VERKEHRSMITTEL: 1. Tag: Ausgangspunkt Ⓜ **Qianmen,** dann weiter zu Fuß, per Taxi oder mit der U-Bahn. 2. Tag: per Mietwagen mit Fahrer.

TOUR-START:

Wer nur zwei Tage Zeit für Peking hat, verschafft sich am besten erst mal einen Überblick über die monumentalen Bauten am **Tian'anmen-Platz** Ⓐ > S. 61, der so viele tragische Stunden der Geschichte Chinas erlebt hat, wie das Massaker an den Demonstranten in der Nacht vom 3. auf den 4. Juni 1989. Durch das Tor des Himmlischen Friedens wandelt man auf der kaiserlichen Achse zum Südtor des **Kaiserpalastes** Ⓑ > S. 62, wo sich der Eingang befindet. Vom Ausgang im Norden geht es zu Fuß oder per Taxi zur U-Bahn-Station Dongsi. Von dort fährt man weiter nach Süden zum Tiantandongmen, dem Osttor des **Himmelstempels** Ⓘ > S. 70. Den Abend beschließt ein Restaurant- und Kneipenbesuch an den Hinteren Seen > S. 68 oder im Bezirk Sanlitun.

Am zweiten Tag steht der Ausflug zur **Großen Mauer** 4 > S. 79 bei Badaling auf dem Programm. Wer noch Zeit hat, kann einen Abstecher zu den **Ming-Gräbern** 3 > S. 78 unternehmen. Abends sollte man sich dann ein ausgiebiges Pekingenten-Bankett gönnen.

TOUR 2

PEKING IN VIER TAGEN

ROUTE: Tian'anmen-Platz > Kaiserpalast > Lamatempel > Konfuziustempel > Himmelstempel > Beihai-Park > Trommelturm > Glockenturm > Sommerpalast > Große Mauer > Ming-Gräber

KARTE: Seite 59
DAUER: Vier Tage, davon einen halben Tag für den Kaiserpalast und je ein Tag für Sommerpalast und Große Mauer, kombiniert mit Ming-Gräbern.
VERKEHRSMITTEL: 1. Tag: Start Ⓤ **Qianmen,** weiter zu Fuß oder per Taxi. 2. Tag: Start Ⓤ **Tiantandongmen,** dann mit U-Bahn und zu Fuß. 3. Tag und 4. Tag: im Mietwagen mit Fahrer.

TOUR-START:

Auch bei **Peking in vier Tagen** lässt sich das Programm nicht wesentlich entzerren. Nach dem Besuch des **Tian'anmen-Platzes** Ⓐ › S. 61 und des **Kaiserpalastes** Ⓑ › S. 62 kann man am ersten Tage zusätzlich den **Lamatempel** Ⓖ › S. 69 sowie den **Konfuziustempel** Ⓗ › S. 70 einschieben. Von dort ist es nicht so weit bis zum Sundowner an den Hinteren Seen. Der zweite Tag führt vormittags zum **Himmelstempel** Ⓘ › S. 70, dann mit der U-Bahn von der Station Tiantandongmen bis zur Haltestelle Dongsi. Es folgt ein Spaziergang durch den **Beihai-Park** Ⓓ › S. 67. Danach erkundet man die

TOUREN IN PEKING

TOUR ❶

PEKING IN ZWEI TAGEN

Tian'anmen-Platz › Kaiserpalast › Himmelstempel › Houhai oder Sanlitun › Große Mauer

TOUR ❷

PEKING IN VIER TAGEN

Tian'anmen-Platz › Kaiserpalast › Lamatempel › Konfuziustempel › Himmelstempel › Beihai-Park › Trommelturm › Glockenturm › Sommerpalast › Große Mauer › Ming-Gräber

alten Gassen in der Gegend um **Trommelturm** E > S. 69 und **Glockenturm** F > S. 69, vielleicht auch in einer der zahlreich angebotenen Fahrradrikschas. Für die Besichtigung des **Sommerpalasts** 2 > S. 71 am Stadtrand benötigt man angesichts des Verkehrs fast den ganzen dritten Tag. Dafür wird man aber mit wunderschönen Gartenanlagen entlohnt. Man kann den Ausflug mit dem Besuch des Alten Sommerpalasts > S. 72 oder einigen Tempeln in den Westbergen kombinieren. Abends besucht man dann vielleicht eine Pekingoper. Am vierten Tag geht es im Mietwagen mit Fahrer zur **Großen Mauer** 4 > S. 79 und ins **Tal der 13 Ming-Gräber** 3 > S. 78.

VERKEHRSMITTEL

- Zu den Olympischen Spielen 2008 wurde das Pekinger U-Bahn-Netz um mehrere Linien erweitert. Vom Flughafen verkehrt eine Schnellbahn zum Bahnhof Dongzhimen, wo man in zwei U-Bahn-Linien umsteigen kann. Die U-Bahn verkehrt in kurzen Abständen 5.10–23.40 Uhr, Mit Preisen von 3–6 Yuan sind die Tickets sehr günstig. Die Stationen sind auch in der Pinyin-Umschrift ausgeschildert, die Durchsagen allerdings nicht immer zu verstehen. Zu den Hauptverkehrszeiten am frühen Morgen und späten Nachmittag ist die U-Bahn überlastet, und es geht zwischen den Fahrgästen manchmal etwas rau zu. Ansonsten ist sie das sicherste und schnellste Verkehrsmittel der chinesischen Hauptstadt.
- Buslinien vervollständigen das öffentliche Verkehrsnetz – den richtigen Bus zu finden ist ohne Chinesischkenntnisse eine Herausforderung.
- Auch Taxis gibt es ausreichend, allerdings stehen sie natürlich mit im Stau. Sie sind an Hotels und Sehenswürdigkeiten zu finden, oder man kann sie aus dem fließenden Verkehr heranwinken. Sie sind preiswert, die Fahrer müssen den Taxameter einschalten und tun dies in der Regel auch.

Allerdings sprechen die Taxifahrer selten eine Fremdsprache und stammen häufig vom Land, sodass sie sich in der Stadt nicht auskennen und kompliziertere Adressen nicht finden. Lassen Sie sich Adressen immer in Schriftzeichen aufschreiben und nehmen Sie eine Visitenkarte Ihres Hotels mit.

UNTERWEGS IN PEKING

PEKING 1 J2

Das kaiserliche Peking (chin. Beijing) mit der riesigen Palastanlage als Topattraktion macht das Herz der Hauptstadt (21,5 Mio. Einw.) der Volksrepublik China aus. Entlang der gewaltigen Nord-Süd-Achse vom Himmelstempel über den Tian'anmen-Platz und den Kaiserpalast bis zu den neuen Olympiabauten ganz im Norden von Peking liegen Gegenwart und Geschichte der Stadt dicht beieinander.

Das Mao-Mausoleum erhebt sich mitten auf dem Tian'anmen-Platz

TIAN'ANMEN-PLATZ Ⓐ c3

Schon zur Kaiserzeit markierte der Platz das Südende des Kaiserpalasts und war flankiert von wichtigen Ministerien. Seine jetzigen Ausmaße erreichte er aber erst nach 1949. Zum zehnjährigen Jubiläum der Volksrepublik errichtete man die staatstragenden Gebäude in einem bombastischen chinesisch-stalinistischen Mischstil: die **Große Halle des Volkes,** in der der Volkskongress tagt, und das **Nationalmuseum** (früher Geschichts- und Revolutionsmuseum), das inzwischen durch den deutschen Architekten Meinhard von Gerkan modernisiert wurde › S. 73.

Von dem an der Nordflanke gelegenen **Tor des Himmlischen Friedens** *(Tian'anmen)* ließ der Kaiser früher seine Edikte verlesen, 1949 verkündete Mao dort die Volksrepublik. Normale Bürger durften zu Zeiten der Kaiser noch nicht auf den Platz, unter Mao wurden sie dann zu Demonstrationen in Massen herangekarrt. In der Platzmitte ragt das 38 m hohe **Denkmal für die Volkshelden** auf, eine quadratische Stele mit Inschriften Maos und Zhou Enlais sowie Reliefs mit Szenen der Revolutionsgeschichte. Seit 1977 beherrscht das **Mao-Mausoleum** den südlichen Teil des Platzes.

Westlich der Großen Halle des Volkes scheint das 2007 errichtete **Chinesische Nationaltheater** wie eine Blase über einem viereckigen Teich zu schweben › S. 73. Den ellipsenförmigen Kuppelbau aus Glas und Titan, der an das traditionelle Yin-und-Yang-Motiv erinnert und drei Auditorien mit 5473 Plätzen umfasst, entwarf der französische Architekt Paul Andreu.

Südlich des Vorderen Tors *(Qianmen)* beginnt die Altstadt mit zahlreichen Läden an der als Fußgängerzone gestalteten Qianmen Dajie, über der ein großes Ehrentor *(pailou)* prangt. Nach 300 m zweigt rechts die **Dazhalan** ab, eine historische Einkaufsstraße. Von ihrem Ende gelangt man durch einige Gassen zur **Liulichang**, einer nachgebauten historischen Ladenstraße. Die Geschäfte verkaufen Kunsthandwerk, Antiquitäten, Bücher und Tee.

KAISERPALAST B 1 c3

Nachdem der Yongle-Kaiser, der dritte der Ming-Dynastie, den Thron gewaltsam an sich gerissen hatte, verlegte er die Hauptstadt von Nanjing wieder nach Peking. Dort ließ er ab 1406 einen Palast von gigantischen Ausmaßen erbauen. Er entstand über viele Jahre und wurde beständig aus- und umgebaut. Auch die mandschurischen Qing-Kaiser herrschten von hier aus über ihr

MAO ZEDONG

Einer der bis heute weltweit bekanntesten Chinesen wurde 1893 im Dorf Shaoshan geboren, 60 km südwestlich von Changsha, der Hauptstadt der Provinz Hunan. Sein Vater, ein zu Wohlstand gekommener Grundbesitzer, ließ den jungen Mao zwar die Grundschule besuchen, wollte ihn aber mit 14 Jahren in eine arrangierte Ehe zwingen. Mao verließ sein Elternhaus, ging weiter zur Schule, diente kurz in einer Regionalarmee und wurde dann Grundschullehrer. 1918 kam er nach Peking und erhielt eine Stelle als Hilfsbibliothekar an der Peking-Universität.

Als 1921 in Shanghai die Kommunistische Partei gegründet wurde, gehörte auch Mao zu den Genossen. Er vertrat einen an die Sowjetunion angelehnten Kurs und fand zunächst keine Mehrheit. Dennoch arbeitete er in den nächsten Jahren im Sold der Partei, inszenierte Aufstände und vertrat als einer der ersten die Strategie der bewaffneten Rebellion. Seine Teilnahme am Langen Marsch von 1934 und seine später in Yan'an ausgearbeiteten Strategien zur Revolution festigten seine Position: 1935 wurde er erstmals in die Spitze der Partei gewählt, 1943 zum Vorsitzenden, 1945 auch zum Vorsitzenden des Militärrats. Als mächtigster Mann der Partei rief er 1949 auf dem Tian'anmen die Volksrepublik aus, deren Staatspräsident er 1954 wurde.

Mao band China eng an die Sowjetunion und setzte auf eine beschleunigte industrielle Entwicklung – eine falsche, verhängnisvolle Einschätzung. Viele seiner Kampagnen endeten in Katastrophen, sodass er ab 1958, als Liu Shaoqi ihn als Staatspräsident ablöste, an Macht und Einfluss verlor. Mit der Kulturrevolution von 1966 bis 1969 wurde seine Fraktion nochmals gestärkt, doch der »Große Steuermann« planschte nach Aussagen seines Leibarztes schon damals lieber mit seinen Konkubinen im Privatschwimmbad. Mao starb am 9. September 1976. Heute lautet das offizielle Urteil der Partei über den »Großen Vorsitzenden« immer noch: 70 % gut, 30 % schlecht.

Karte S. 65

Fünf Brücken führen über den Goldwasserfluss zum Tor der Höchsten Harmonie.

Reich. Zwar behielten sie die Grundstruktur des Palastes bei, bauten ihn aber immer wieder um. Puyi, der 1911 abgesetzte letzte Kaiser von China, lebte mit einem kleinen Hofstaat noch bis zu seiner Vertreibung 1924 in einigen der Hallen. »Verbotene Stadt« wurde das Areal genannt, weil sich hier nur der Kaiser frei bewegen durfte. Heute ist es als Palastmuseum *(Gugong)* für die Öffentlichkeit zugänglich (Di–So 8.30 bis 16 Uhr, http://en.dpm.org.cn).

WASSER IM SÜDEN

Man betritt den Palast durch das nach Süden ausgerichtete **Mittagstor** ⓐ, das U-förmig einen Versammlungsplatz umschließt und mit 38 m das höchste Holzbauwerk der Anlage ist. Von hier verkündete der Kaiser jährlich den neuen Mondkalender und die Namen der besten Kandidaten der Beamtenprüfungen. Wie klein der Besucher im Vergleich zur Macht des Kaisers war, erschloss sich ihm auf dem 26 000 m² großen Platz hinter dem Tor. Der Effekt war durchaus beabsichtigt, denn in den vorderen Hallen empfing der Kaiser offizielle Besucher, während die hinteren Gebäude als Wohnbereich dienten.

Den Platz durchzieht der künstlich angelegte **Goldwasserfluss** ⓑ, den fünf Marmorbrücken überspannen. Im vorderen Teil des Palastes finden sich viele Elemente in ungerader Anzahl, denn diese verbinden sich mit dem männlichen *yang*, das auch für Macht und Herrschaft steht, während im Wohnbereich die geraden Zahlen des weiblichen *yin* vorherrschen.

So führt das **Tor der Höchsten Harmonie** ⓒ, das breiteste und tiefste der Palastanlage, in den großen Innenhof, in dem auf einer über

8 m hohen Plattform die drei repräsentativen Großen Hallen aufragen. Die Plattform symbolisiert den buddhistischen Weltenberg Meru, und vor den Hallen stehen Symbole für Glück (Kraniche), langes Leben (Schildkröte) und Gerechtigkeit (steinernes Hohlmaß zum Verteilen von Reis). Die riesigen Bronzegefäße erfüllten hingegen einen ganz praktischen Zweck: Sie dienten als Behälter für Löschwasser.

DIE VORDEREN HALLEN

Die vordere **Halle der Höchsten Harmonie** d ist die Thron- und Audienzhalle. Das gewaltige, zweistufige Walmdach wird im Innern von 24 massiven Säulen getragen, von denen die mittleren sechs vergoldet und mit Drachen verziert sind. Die Kassettendecke ist in Grün, Rot, Gelb, Weiß und Schwarz bemalt. Vergleichsweise schlicht präsentiert sich hingegen der Thronsessel – eine Kopie nach Fotos aus der Qing-Dynastie – auf seiner siebenstufigen Plattform. In dieser Halle fanden alle wichtigen Zeremonien statt.

Die mittlere **Halle der Vollkommenen Harmonie** e diente der Vorbereitung von Zeremonien. Sie wurde als Pavillon über quadratischem Grundriss errichtet, das Zeltdach schließt mit einem vergoldeten Knauf ab. Die hintere **Halle der Erhaltung der Harmonie** f konstruierte man ohne Säulen in der Mitte. So bot der Innenraum ausreichend Platz für die hier gefeierten großen Bankette, zu denen bis zu 5000 Würdenträger eingeladen wurden. Hinter der Halle führt die größte Steinplatte des Kaiserwegs auf einer Rampe hinunter. Sie ist 16,57 m lang, 3 m breit, 1,66 m dick und wiegt etwa 250 t.

DIE WOHNPALÄSTE AUF DER HAUPTACHSE

Den Übergang zwischen Repräsentations- und Wohnbauten bildet das **Tor der Himmlischen Reinheit** g. Dahinter folgen wieder drei herausragende Gebäude auf der Zentralachse, von denen die mittlere **Halle der Berührung von Himmel und Erde** h allerdings erst Ende des 16. Jhs. eingefügt wurde. Diese Kopie der vorderen quadratischen Halle stört das ursprüngliche *yin*-Ensemble aus den Wohnpalästen des Kaisers und der Kaiserin. Zur Qing-Zeit hielt die Kaiserin hier Audienzen ab, doch heute werden in den mit gelber Seide abgedeckten Kisten 25 kaiserliche Siegel Qianlongs aufbewahrt.

Der vordere **Palast der Himmlischen Reinheit** i wurde in der Qing-Dynastie von einem Wohnhaus zum Arbeitsraum des Kaisers für seine täglichen Konsultationen umgebaut. Aus der Schlafstätte der Kaiserin machte man im hinteren **Palast der Irdischen Ruhe** j einen Tempel. In einem Seitenraum wurden täglich Opfertiere geschlachtet, während in der Ostkammer der Wärme das in Rot ausgeschlagene Quartier für die Hochzeitsnächte der Kaiser lag. Vielsagend verdeckte ein Vorhang mit dem Motiv »100 spielende Kinder« die Aktivitäten dahinter.

Das letzte Element auf der Hauptachse ist der **Kaiserliche Garten** (k), ein gutes Beispiel dafür, wie kunstvoll und vor allem künstlich in China die Natur in die Gärten gezwungen wird.

DIE WESTLICHEN WOHNBEREICHE

Mauern, immer wieder Mauern grenzen im Palast die einzelnen Einheiten ab. Ursprünglich lagen auf jeder Seite der Wohnpaläste von Kaiser und Kaiserin je sechs Wohnhöfe für Prinzen, Kaiserwitwen, weitere Ehefrauen und Konkubinen des Kaisers. Später fanden jedoch vielfache Umbauten statt, wobei sich Cixi, die De-facto-Regentin am Ende des 19. Jhs., besonders hervortat. Aber sie lebte hier ja auch rund 50 Jahre. Ein gutes Beispiel ist der **Palast der Gesammelten Eleganz** (l), den sie zu ihrem 50. Geburtstag 1884 komplett umbauen ließ. Symbole für langes Leben und Unsterblichkeit zieren Wände und Schnitzereien; in den Galerien hängen kalligrafierte Steintafeln mit den Geburtstagswünschen der Lob heischenden Minister.

In den Räumen des **Palasts des Immerwährenden Frühlings** (m) hingegen ließ Cixi Wandgemälde mit Szenen aus dem berühmten Roman »Der Traum der Roten Kammer« von Cao Xueqin anbringen, die – untypisch für die chinesische Malerei – Perspektiven und die Lage der Flächen zueinander nutzen. In der **Halle der Pflege des Herzens** (n), im südlichen der westlichen Höfe, wohnten und schliefen die Kaiser dann tatsächlich.

DIE ÖSTLICHEN WOHNBEREICHE

Die östlichen Wohnhöfe, in denen heute Dekorationsgegenstände aus vielen Jahrhunderten ausgestellt sind, wurden kaum umgebaut und lassen die Struktur besser erkennen: Hinter jedem Eingangstor schützt

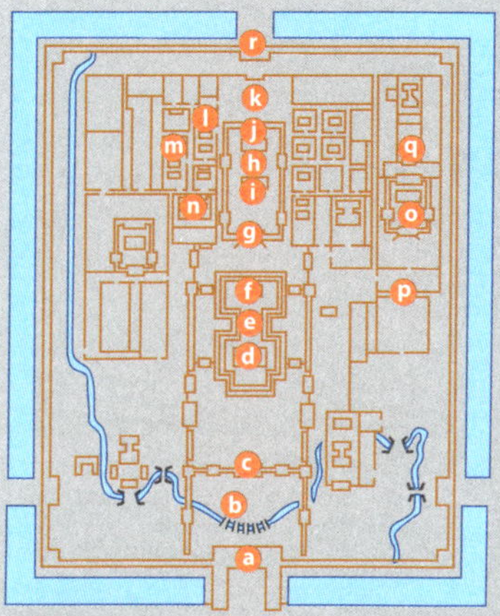

Kaiserpalast

0 200 m

Kaiserlicher Wohnbereich

- (a) Mittagstor
- (b) Goldwasserfluss
- (c) Tor der Höchsten Harmonie
- (d) Halle der Höchsten Harmonie
- (e) Halle der Vollkommenen Harmonie
- (f) Halle der Erhaltung der Harmonie
- (g) Tor der Himmlischen Reinheit
- (h) Halle der Berührung von Himmel und Erde
- (i) Palast der Himmlischen Reinheit
- (j) Palast der Irdischen Ruhe
- (k) Kaiserlicher Garten
- (l) Palast der Gesammelten Eleganz
- (m) Palast des Immerwährenden Frühlings
- (n) Halle der Pflege des Herzens
- (o) Palast des Ruhevollen Alters
- (p) Neun-Drachen-Mauer
- (q) Pavillon des Heiteren Klangs
- (r) Tor des Göttlichen Kriegers

Karte S. 65

eine Wand vor bösen Geistern und neugierigen Blicken, dann folgt der erste Hof mit Schatten spendenden Bäumen. Im Vordergebäude lebte und arbeitete der Bewohner, durch den zweiten Hof mit weiteren Bäumen und einem Brunnen erreichte er die hinteren Schlafräume. Esszimmer, Küchen und Badezimmer gab es nicht: Das Essen wurde dort eingenommen, wo man sich gerade befand. Und der Weg, den auch ein Kaiser zu Fuß ging, führte nur hinter einen Paravent und zu einem Holzeimer – mit seidenüberzogenem Sitz natürlich.

In der nordöstlichen Ecke ließ sich Qianlong Ende des 18. Jhs. im **Palast des Ruhevollen Alters** o einen Altersruhesitz errichten. Er trat als einziger chinesischer Kaiser in den Ruhestand und übergab die Macht nach 60 Regierungsjahren im Jahr 1795 an einen Sohn.

Im Vorhof des Palastes starrt der der mittlere der fünfkralligen Drachen in Gelb auf der berühmten **Neun-Drachen-Mauer** p direkt auf das Eingangstor. Seine acht, paarweise angeordneten, weiß, blau, schwarz und gelb gestalteten Kollegen winden sich, auf Wellen tanzend und mit Flammenperlen spielend, über die dekorativen Fliesen der 1771 erbauten Mauer.

In den hinteren Palastgebäuden sind wertvolle Gegenstände aus den Schatzkammern des Hofes in wechselnden Ausstellungen zu sehen. Die letzten Gebäude zeigen permanente Ausstellungen von Möbeln aus der Ming- und Qing-Dynastie, die deutliche Stilwandlungen erkennen lassen, sowie gigantisch große und tonnenschwere geschnitzte Felsen aus Jade.

Gegenüber dem dreistöckigen **Pavillon des Heiteren Klangs** q genoss Cixi die dort veranstalteten Theateraufführungen. Das Spiel fand auf allen drei Ebenen statt, Geister schwebten an Flaschenzügen durch die Luft, und Tanks unter der Bühne hielten Vorräte für feuchte Szenen bereit.

Eine ausführliche Besichtigung des Palastes dauert länger als einen halben Tag. Wenige Kioske bieten Getränke und eine kleine Auswahl an Snacks an.

AUSSICHT ÜBER DIE DÄCHER

Wenn Sie den Palast durch das nördliche **Tor des Göttlichen Kriegers** r, in dem Dokumente der Architektur und Bauweise des Palastes ausgestellt werden, verlassen, gelangen Sie zum Mai Shan, dem **Kohlehügel** C b2, der durch den Aushub des Wassergrabens rund um die Verbotene Stadt entstand und einst als Kohlenlager für den Palast benutzt wurde. › mehr S. 16 Punkt 24 Am östlichen Aufstieg erinnert eine Tafel an den Selbstmord des letzten Ming-Kaisers, der damit 1644 den Weg für die anrückenden Mandschuren und ihre Qing-Dynastie freimachte.

Vom Pavillon auf der Spitze haben Sie bei klarem Wetter einen schönen Ausblick auf die gelben Dächer und roten Wände des Palastes sowie die Weiße Dagoba im Beihai-Park.

BEIHAI-PARK Ⓓ ★ b3

Der Beihai oder Nordsee gehört zu einer Kette von sechs Seen, die über Kanäle mit dem Sommerpalast verbunden sind. Weiter südlich bilden das »mittlere und das südliche Meer« die heutige »Verbotene Stadt« der kommunistischen Partei, die Regierungszentrale Zhongnanhai. Während dort die neuen Herrscher wandeln, vergnügt sich im Beihai-Park das Volk beim Spazierengehen, Bootfahren und Eisessen.

Die schon aus der Yuan-Dynastie stammende **Runde Stadt** ganz im Süden beherbergte vor allem die Wachen, bot den höfischen Müßiggängern aber auch Ruheräume. Die Buddhafigur und ein Weingefäß aus Jade mit 1,5 m Durchmesser stammen aus dem Besitz Kublai Khans.

Im südlichen Teil des Sees liegt auch die **Jadeinsel**, auf der sich eine Tempelanlage hinauf zur weithin sichtbaren **Weißen Dagoba** zieht. Als der 5. Dalai Lama im Jahr 1651 der neuen Qing-Dynastie seinen Antrittsbesuch abstattete, wurde ihm zu Ehren dieser *Chorten*, eigentlich ein tibetisches Mönchsgrab, erbaut und mit gleißend leuchtendem Muschelkalk überzogen. Über verschlungene Wege gelangen Sie hinunter zum Nordufer der Insel.

Für ein paar Yuan können Sie mit der Fähre zu den **Fünf-Drachen-Pavillons** übersetzen, von denen aus die Palastbewohner geangelt haben sollen. Wenn Sie sich wieder an Land nach links wenden, stehen Sie bald vor der 3,5 m langen und 1,9 m hohen Eisernen Mauer, die allerdings aus Vulkangestein besteht. Vom Bootsanleger gesehen nach rechts gelangen Sie dann zur zweiten, zwischen Bäumen gelegenen **Neun-Drachen-Mauer**. Sie ist kürzer, aber höher als die gleichnamige Mauer im Kaiserpalast. Als einziges historisches Exemplar steht sie frei und ist von beiden Seiten mit glasierten Fliesen bedeckt. Insgesamt 635 Drachendarstellungen haben fleißige Statistiker gezählt.

Weiter in Richtung Norden gelangt man zum **Studio zur Beruhigung der Sinne**, einem ummauerten Garten im Garten, in dem Qianlong wandelte, Cixi Tee trank, japanische Generäle residierten, das Außenministerium und die Academia Sinica Gäste unterbrachten und der letzte Kaiser, Puyi, in den 1960er-Jahren seine Memoiren schrieb.

Die Weiße Dagoba im Beihai-Park

ZEITZEICHEN

Hinter dem Nordausgang des Parks erstrecken sich die drei Hinteren Seen, **Qianhai, Houhai** und **Xihai,** weiter nach Norden. Vor allem in Nähe der **Silberbarrenbrücke** hat sich in den letzten Jahren eine lebhafte Kneipen- und Restaurantszene breitgemacht. Bei gutem Wetter kann man bis spät abends auf den Dachterrassen sitzen, ein laues Lüftchen genießen und aufs Wasser schauen. An mehreren Stellen gibt es Ruder-, Tret- und Elektroboote zu mieten, während man die noch erhaltenen oder restaurierten Hutong-Bezirke statt zu Fuß auch mit Fahrradrikschas erkunden kann.

Direkt am Houhai liegt das große, aus der Nachkriegszeit stammende **Wohnhaus Soong Ching Lings** der Ehefrau des Republikgründers Sun Yatsen › S. 160, mit einer Ausstellung über Leben und Wirken der späteren Vizepräsidentin der Volksrepublik China.

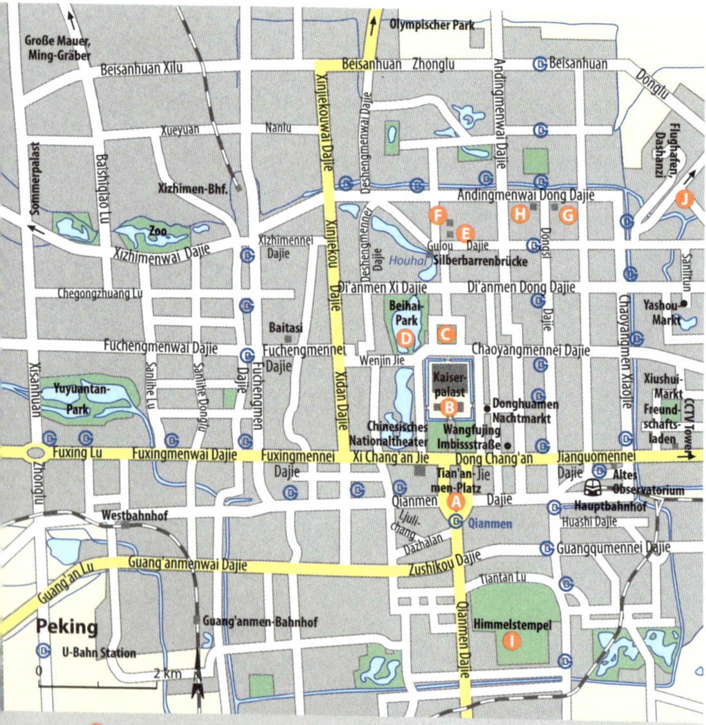

A Tian'anmen-Platz
B Kaiserpalast
C Kohlehügel
D Beihai-Park
E Trommelturm
F Glockenturm
G Lamatempel
H Konfuziustempel
I Himmelstempel
J Kunstfabrik 798

Karte S. 68

Auf der Suche nach Harmonie und Frieden kommen die Menschen zum Lamatempel

Aus einem Meer von flachen Hofhäusern ragen die alten Zeitzeichen der Stadt auf, der Glockenturm und der **Trommelturm** E b3. Schon Kublai Khan hatte hier einen Turm bauen lassen, der jetzige entstand aber mit dem Palast um 1420 als nördlicher Abschluss der Achse durch die Stadt. Von dem mächtigen Holzturm hat man einen guten Blick auf die Nachbarschaft und den kleineren **Glockenturm** F b3. Zur Verkündung der Zeit wurde tagsüber die Glocke, nachts die Trommel geschlagen.

LAMATEMPEL G ★ b4

Der Lamatempel *(Yonghegong)* im Nordosten des alten Stadtbezirks wurde 1694 als Prinzenresidenz errichtet und 1744 in ein Lamakloster umgewandelt. Die 500 mongolischen Mönche wohnten damals in heute nicht mehr vorhandenen Zellen seitlich des lang gezogenen Vorhofs, durch den man in einen Innenhof mit einem Trommel- und einem Glockenturm sowie zwei Stelenpavillons gelangt. Dahinter erhebt sich die erste Halle, in der drei große Buddhas von 18 Luohan flankiert werden. Die zweite Haupthalle war früher leer, damit die Mönche sich auf ihre Meditation konzentrieren konnten. Heute beherrscht sie von die 6 m hohe Statue des Tsongkhapa (1357–1419), der die jetzt in Tibet domierende Gelbmützensekte begründete. In der letzten Halle befindet sich die größte Attraktion des Tempels, eine 18 m hohe, aus dem Stamm eines Sandelholzbaums geschnitzte Statue des Maitreya. Der insgesamt 26 m lange Stamm war ein Geschenk des 7. Dalai Lamas an den Kaiser.

KONFUZIUSTEMPEL H b4

In einer Querstraße der Yonghegong Dajie am Südende des Lamatempels liegt der ursprünglich 1306 erbaute Konfuziustempel. 1737 erhob Qianlong den Ort zur Verehrung des Staatsphilosophen › S. 42 zum kaiserlichen Tempel. Im ersten Innenhof stehen 198 Stelen, auf denen die Namen und Heimatprovinzen von insgesamt 51 624 erfolgreichen Prüfungskandidaten eingeritzt sind. Auch im großen Hof dahinter dominieren Stelen, allerdings in Pavillons. Diese beschreiben militärische Großtaten. Auf einer Plattform ragt die 1906 erneuerte Gebetshalle mit den Ahnentafeln für Konfuzius und seine wichtigsten Schüler auf.

Nebenan befindet sich die **Kaiserliche Akademie,** in der die Söhne des Adels zu Zeiten der Monarchie in den konfuzianischen Klassikern unterrichtet wurden.

HIMMELSTEMPEL I d3/4

Im Süden der Stadt erhebt sich der Himmelstempel *(Tiantan)*, welcher richtig übersetzt eigentlich »Himmelsaltar« heißt. Er entstand im Jahr 1421 zusammen mit dem Kaiserpalast und wurde 1914 vom selbst ernannten Kaiser Yuan Shikai zum letzten Mal als Opferstätte für den Himmel genutzt. Der Kaiser herrscht durch das Mandat des Himmels, der nach chinesischer Auffassung weder ein Ort noch mit einem höheren Wesen verbunden ist. So musste der Herrscher jedes Jahr in diesem Tempel seine Machtausübung legitimieren und um eine gute Ernte bitten.

Er bereitete sich darauf im **Palast der Abstinenz** im Westen der Anlage vor und schritt dann über den erhöhten Ehrenweg zur runden **Halle des Ernteopfers,** die oft als »Himmelstempel« bezeichnet wird. Die perfekten Proportionen zwischen den drei Terrassen, dem Körper der Rundhalle und dem dreistufigen Dach mit seinen blauen Glasurziegeln setzen sich auch im Innern fort. Die mächtigen Säulenreihen symbolisieren innen die vier Jahreszeiten, dann die zwölf Monate und außen die zwölf Doppelstunden des Tages.

Nach Darbringung der Opfergaben begab sich der Kaiser vorbei an der **Himmelsgewölbe** genannten kleineren Rundhalle, in der die Ahnentafeln aufbewahrt wurden, zum eigentlichen **Altar.** Deutlich wird hier die symbolische Bedeutung von Zahlen: die Neun dominiert als höchste ungerade und damit männliche Zahl. Der Durchmesser der obersten Plattform beträgt neun *zhang* (etwa 27 m), neun Bodenplatten umgeben die innere runde Platte, und mit jedem Ring werden es neun Platten mehr, bis außen neun mal neun erreicht sind. Die runde Form des Altars steht für den Himmel, mit dem der Kaiser hier in Verbindung trat.

KUNSTFABRIK 798 J

In den 1950er-Jahren bauten die UdSSR und die DDR nordöstlich des damaligen Peking eine große Munitions- und Elektrofabrik für die Sieben-Sterne-Gruppe, einen Rüstungskonzern der chinesischen

Der Sommerpalast mit seinem weitläufigen Park zählt zu den klassischen Gärten Chinas

Armee. Zur Geheimhaltung wurden Straßen und Gebäude nur mit Zahlen benannt. 50 Jahre später wandelte sich das riesige Gelände außerhalb des 4. Rings unweit der Autobahn zum Flughafen zur größten Kunstfabrik des Landes. Zahlreiche Künstler, Galerien und Designbetriebe, aber auch Kunsthandwerk-, Mode- und Souvenirläden und natürlich Cafés und Restaurants haben sich in den großen Industriehallen im Bauhausstil niedergelassen.

Das erste private Museum moderner chinesischer Kunst in China, das **Ullens Center for Contemporary Art (UCCA),** eröffnete das belgische Sammlerehepaar Ullens auf dem Gelände (798 Lu, www.ucca.org.cn, Di–So 10–19 Uhr).

SOMMERPALAST 2 ★ a1

20 km nordwestlich vom Pekinger Stadtzentrum liegt der 290 ha große Sommerpalast, eine wunderschön ausgedehnte Gartenanlage mit weiträumigen Wohngebäuden, Tempeln und Pavillons an einem flachen, künstlichen See. Kleinere Freizeitanlagen für die lokalen Herrscher gab es hier schon im 12. Jh., doch erst Anfang des 16. Jhs. entstand der erste Tempel, und Mitte des 18. Jhs. baute Kaiser Qianlong den Park als Geschenk für seine Mutter aus. Er ließ den See nach dem Vorbild des Westsees in Hangzhou › S. 116 gestalten und nannte ihn **Kunming-See,** wie die gleichnamige »Stadt des ewigen Frühlings« in Yunnan › S. 139.

Durch das **Osttor** gelangt man zunächst in die Empfangsräume und dahinter in die Wohnräume des Hofes. Etwas nördlich davon liegen der **Garten der Harmonie und Tugend** und ein dreistöckiges Theater, dessen Aufführungen vor allem Cixi genoss.

Am Seeufer entlang zieht sich der 728 m lange und prächtig ausgemalte überdachte **Wandelgang.** Etwa auf halbem Weg erstreckt sich eine Tempelanlage den Hügel hinauf, die in der spektakulären achteckigen und 41 m hohen **Pagode des Dufts und des Buddhas** ihren Abschluss findet. Hier opferten die Herrscher und genossen den herrlichen Ausblick. Am Ende des Wandelganges gelangt man zum berühmten **Marmorboot,** das immer mit der Verschwendung der Marinekasse in Verbindung gebracht wird. Aus Marmor ist allerdings nur die Basis, der Aufbau besteht aus Holz. Von hier überblickt man den ganzen See.

Das Suzhou-Ufer mit Geschäften am Südeingang zum Sommerpalast

Folgt man dem Weg am Marmorboot vorbei, gelangt man zu mehreren Tempeln und Pavillons am nördlichen Abhang sowie zur **Suzhou-Straße,** wo eine historische Einkaufsstraße für die Palastdamen nachgebaut wurde. Erquicklicher ist es allerdings, durch den **Garten der Harmonischen Freuden** ganz im Nordosten zu spazieren.

Alternativ können Sie vom Marmorboot mit einer Fähre zur **Südseeinsel** im See übersetzen. Zwei Tempelanlagen schmücken die kleine Erhebung, die man über eine 17-bogige Brücke wieder verlässt. Ein breiter Spazierweg führt am Ufer entlang zurück zu den Wohngebäuden und zum **Palast der Jadewellen.** Hier ließ Cixi ihren Neffen, der immerhin Kaiser war, einmauern, als er Ende des 19. Jhs. zu stark mit den Reformern sympathisierte.

ALTER SOMMERPALAST

Nur 500 m östlich des Sommerpalastes liegt der »Garten der Vollkommenen Klarheit«, heute nur noch ein Ruinenfeld. Yongzheng (reg. 1723–1736) hatte ihn anlegen lassen, und Qianlong beauftragte 1747 die Jesuiten damit, im nordöstlichen Teil mehrere Gebäude im Stil von Rokokopalästen zu errichten. Als 1860 britische und französische Streitkräfte Peking besetzten, wurden sie jedoch zerstört.

Chinesische Besucher nutzen die Rokoko-Ruinen gern als Kulisse für Fotos. Rekonstruiert wurde Qianlongs **Labyrinth** aus 1,5 m hohen Steinmauern. In dessen Mitte befindet sich ein Pavillon. Hier wartete

MODERNE ARCHITEKTUR

Das Chinesische Nationaltheater zitiert das tradionelle Yin-und-Yang-Symbol

In Peking wurden internationale Stararchitekten verpflichtet, um der Metropole ein repräsentatives, modernes Gesicht zu geben. Schon auf dem **Flughafen** grüßt Norman Foster mit Terminal 3, der fast vollständig aus Glas zu sein scheint. Der Bau mit den Abfertigungsrüsseln windet sich so dahin, dass die Pekinger ihn »Drachenschwanz« nennen.

Kosenamen bekamen auch die Olympiabauten. So heißt das **Nationalstadion** »Vogelnest«, weil ihm die Schweizer Architekten Jacques Herzog und Pierre de Meuron eine Hülle aus scheinbar ungeordneten Stahlträgern verpassten. Mit 70 m Höhe und bis zu 320 m Spannweite ist es ein imposanter Bau.

Daneben befindet sich der »Wasserwürfel«, das von einem australischen Architekturbüro entworfene **Schwimmstadion.** Die Außenhaut sieht aus als schmiegten sich hier Zellen aneinander. Bei Dunkelheit lassen 440000 Leuchtdioden die Halle blau erstrahlen. Für 50 Yuan Eintritt können beide Bauten besichtigt werden, für 20 Yuan mehr darf man auch schwimmen.

Spektakulär baute auch der Franzose Paul Andreu. In unmittelbarer Nähe der stalinistisch inspirierten Großen Halle des Volkes platzierte er das riesige **Chinesische Nationaltheater** als Blase aus Titan und Glas in einen künstlichen Teich.

Dem Hamburger Architekten Meinhard von Gerkan glückte es, das ehemalige Geschichts- und Revolutionsmuseum in ein modernes **Nationalmuseum** zu verwandeln. Doch das mit rund 200000 m^2 weltgrößte Museum ist mit Exponaten nur spärlich bestückt.

Statisch äußerst anspruchsvoll ist der bis 250 m hohe **CCTV Tower** des Niederländers Rem Kohlhaas östlich des Zentrums am 3. Ring. Der Wolkenkratzer wirkt wie ein überdimensionaler, in sich geknickter Bilderrahmen.

der Kaiser allabendlich mit einem Geschenk auf diejenige Konkubine, die ihm zuerst eine Fackel brachte. Ein Museum zeigt die ursprüngliche Anlage.

INFO

Beijing Tourist Information Centre

- 16 Laoqianju Hutong
  (gegenüber vom Hauptbahnhof)
  Peking
  und weitere Büros in der Stadt
- Internationaler Flughafen von Peking, Ankunftsterminal (am Ausgang für internationale Passagiere)
  Tel. 010/65 28 84 48
  www.visitbeijing.com.cn

HOTELS

Opposite House €€€

Topmodernes Hotel in bester Nightlifelage, entworfen vom japanischen Architekten Kengo Kuma, mit 5 Restaurants und Bars. Die Zimmer bieten minimalistischen Schick mit allem Komfort.

- Sanlitun Lu | Peking
  Tel. 010/64 17 66 88
  www.theoppositehouse.com

Peking Hotel €€–€€€

Traditionsreiches Hotel, das trotz seiner Größe viel Flair besitzt. Manche Zimmer haben Blick auf den Kaiserpalast.

- 33 Chang'an Dongdajie
  Wangfujing | Peking
  Tel. 010/65 13 77 66
  www.chinabeijinghotel.com.cn

Bamboo Garden €€

Preisgünstiges, aber durchaus komfortables Hotel in einem Hofhaus aus der Qing-Dynastie. Zimmer zum zauberhaften Garten buchen! Gutes Restaurant.

- 24 Xiaoshiqiao Hutong | Peking
  Tel. 010/58 52 00 88
  www.bbgh.com.cn

Beijing Sihe Courtyard Hotel €€

Das romantische Hotel im Herzen Pekings überzeugt mit einem guten Preis-Leistungs-Verhältnis.

- 5 Deng Cao Hutong | Dongsi Lu
  Peking | Tel. 010/65 26 09 25
  www.sihehotel.com

Double Happiness Courtyard Hotel €€

Hotelidyll mit viel glücksbringendem Rot in einem 200 Jahre alten Hofhaus (Sihueyan).

- 37 Dongsi Sitiao | Peking
  Tel. 010/64 00 77 62
  www.hotel37.com

Jianguo Hotel €€

Gutes Mittelklassehotel mit hauseigenem Theater.

- 175 Yong'an Lu | Peking
  Tel. 010/63 01 66 88
  www.hoteljianguo.com

Red Wall Garden €€

Kleines stilvolles Hotel in einem ruhigen Hutong mit schicken modernen Zimmern, Bistro und Restaurant sowie besonders freundlichem englischsprachigen Personal.

- 41 Shijia Hutong | Peking
  Tel. 010/51 69 22 22
  www.redwallgardenhotel.com

The Orchid €€

Inmitten der Altstadt gelegenes, verstecktes Kleinod mit zehn geschmackvoll eingerichteten Zimmern.

- 65 Baochao Hutong
  Dongcheng | Peking
  Tel. 010/85 65 92 95
  www.theorchidbeijing.com

RESTAURANTS

Internationale Hotels haben mindestens ein chinesisches und meist ein zweites anderes asiatiatisches oder internationales Restaurant. Die Preise liegen dort im oberen Bereich.

Günstig und im Allgemeinen gut sind die Imbissstände auf Pekings Nachtmarkt, dem **Donghuamen Night Market.** > mehr S. 14 Punkt 19 In der Nähe sorgt außerdem die **Wangfujing Snack Street** für Abwechslung auf dem Speiseplan. > mehr S. 14 Punkt 15

King's Joy €€€

Gleich gegenüber des Lamatempels wird in einem schicken Ambiente mit Bambusgarten zu sanften Harfenklängen die derzeit kreativste vegetarische und vegane Küche Pekings aufgetischt.

- 2 Wudaoying
  Peking
  Tel. 010/84 04 91 91
  www.kingsjoycn.com

Jingzun €€

Das zwanglose Lokal mit Terrasse serviert eine wirklich fabelhafte, und dabei erstaunlich günstige krosse Peking Ente.

- 6 Taipingzhuang Nanli (Ecke Chunxiu Lu)
  Chaoyang | Peking
  Tel. 010/64 17 40 75

Lost Heaven €€

Das elegante Restaurant in einem Gebäude, in dem zur Zeit der Ming-Dynastie die US-Gesandschaft untergebracht war, ist für seine vorzüglich Küche aus Yunnan bekannt. Sehr leckere Currys, pikante Salate.

- 23 Qianmen Dongdajie | Peking
  Tel. 010/85 16 26 98
  www.lostheaven.com.cn

Donglaishun €€

Das muslimische Restaurant ist auf mongolischen Feuertopf und Sesamspieße spezialisiert.

- 198 Wangfujing Dajie | Peking
  Tel. 010/65 13 96 61

Auf dem Nachtmarkt Donghuamen werden frittierte Seesterne, Schlangen und Insekten verkauft

Chuanban €
Im Gebäude der Provinzregierung von Sichuan gibt es fabelhaft preiswerte und wirklich scharfe Spezialitäten der Sichuan-Küche. Besonders gut sind die langsam gegarten Suppen und die mit Teeblättern geräucherte Ente.
• 5 Gongyuan Toutiao | Peking
Tel. 010/65 12 22 77 | So geschl.

Food Republic €
Im Untergeschoss des schicken Einkaufszentrums Oriental Plaza isst man unschlagbar günstig. Tophygienische Stände bieten jede erdenkliche chinesische Küche. Gezahlt wird mit einer vorab erworbenen Karte. Auf derselben Etage serviert Macau Taste exzellente sino-portugiesische Küche.
• 1 Dongchang'an Jie | Peking

PEKINGOPER

Trommeln, Klappern, Becken und Gongs steigern Geschwindigkeit und Lautstärke, darüber jault die zweisaitige *erhu,* eine Kniegeige. Der General im opulenten Gewand mit zehn Fahnen auf dem Rücken wirbelt herum und wehrt heranfliegende Stöcke einen nach dem anderen ab. Sie war schon fast in Vergessenheit geraten, als sie durch den Tourismus wieder entdeckt wurde: die Pekingoper.

Tradition und Typisierung sind hier alles. Die Texte sind bekannt und werden in einem archaischen Dialekt vorgetragen, den auf der Straße niemand mehr spricht. Die Figuren sind keine Individuen, sondern Typen: der General, der alte Mann, die Kaiserin, der Gelehrte, die junge adlige Tochter, der Verräter, der Spaßmacher ... An ihren aufwendigen Seidenkostümen sind sie zu erkennen. Ihr Innerstes verraten sie durch das Äußere: die maskenhaften, stark geschminkten Gesichter. Der Rote hat einen loyalen, tapferen Charakter, der Schwarze ist grob und schroff, aber dennoch gut. Das kann man vom Blauen nicht behaupten, denn er gilt als wild und arrogant, während der Gelbe hinterhältig seine Gedanken verbirgt. Der Grüne als solcher ist unbeständig und oft ein Teufel. Der Spaßmacher hingegen hat große weiße Augen. Doch Weiß ist ebenso das Symbol der Jugend und der Trauer, Grau steht für das Alter. Wie Kostüme und Farben, so ist auch die Mimik genau festgelegt. Jede Handbewegung, jede Fußstellung hat eine Bedeutung. Aber auch darin kann Vielfalt liegen, es gibt immerhin etwa 20 Arten des Lachens.

Da sich die Oper aus den Jahrmarktsauftritten fahrender Schauspieler entwickelte, gibt es kaum Requisiten auf der Bühne. Ein Stuhl kann z. B. Thron und Berg sein. Unterhaltung findet statt, wenn sich verschiedene Kunstformen vereinen, neben Gesang und Dialog auch Pantomime und Akrobatik. Das bewundern auch Besucher aus der Ferne.

BUCHTIPP: Historischer Roman, elegant und bilderreich wie eine Pekingoper mit einer Rolle für den Sänger Sun Bing: **Mo Yan, Die Sandelholzstrafe,** Berlin, Suhrkamp 2009.

NIGHTLIFE

Neben den klassischen, touristischen Darbietungen, wie Pekingoper, Akrobatik oder Kung-Fu, gibt es ein lebendiges Nachtleben > S. 114. Beliebt sind die Ufer der Hinteren Seen, wie am **Houhai** > S. 68, **Sanlitun, Haidian** und die **Kunstfabrik 798** > S. 70.

Liyuan Theater

Ausschnitte aus Pekingopern. Tipp: Karten vorab reservieren. > **mehr S. 13 Punkt 8**

- Jianguo Hotel | 175 Yong'an Lu | Peking
  Tel. 186 12 35 90 93 (engl.)
  www.liyuantheatreopera.com
  Tgl. 19.30 Uhr

Chaoyang Theater

Hervorragende Akrobatikvorstellung international renommierter Artisten.

- 36 Dongsanhuan Beilu | Peking
  Tel. 186 12 35 90 93 (engl.)
  www.chaoyangacrobaticshow.com
  Tgl. 16, 17.30 und 19 Uhr

Red Theatre

The Legend of Kongfu setzt den Weg eines Jungen zum Kung-Fu-Meister in Szene.

- 44 Xingfu Dajie | Peking
  Tel. 186 12 35 90 93 (engl.)
  www.redtheatrekungfushow.com
  Tgl. 17.15 und 19.30 Uhr

In der Pekingoper gehören die aufwendigen Kostüme zu festgelegten Charakteren

Dada
Angesagter Klub mit elektronischer Musik. Vor Mitternacht ist hier nichts los. Bis dahin lohnt der Temple im gleichen Gebäude mit meist kostenlosem Alternative Rock.
- 206 Gulou Dong Dajie | Peking
  Tel. 183 11 08 08 18 | Tgl. ab 21 Uhr

SHOPPING

Beijing Silk Store
Chinesische Seide in Topqualität, aber recht günstig. Unten wird am laufenden Meter verkauft, oben Kleidung aus Seide.
- 50 Dazhalan Xijie | Peking

Plastered T-Shirts
T-Shirts mit nostalgischen Pekingmotiven, Poster und Retrodesign zu Spottpreisen.
- 61 Nanluoguxiang Hutong | Peking
  www.plasteredtshirts.com

Tea City
Eine riesige Auswahl an Tee, Geschirr und Accessoires auf vier Stockwerken. In der 1,5 km langen Straße nahe Westbahnhof reihen sich viele Teegeschäfte aneinander. Probieren und Feilschen erlaubt!
- Maliandao Lu | Peking

AUSFLUG INS TAL DER 13 MING-GRÄBER 3 J2

Etwa 50 km nördlich von Peking ruhen in einem Talkessel 13 von 16 Kaiser der Ming-Dynastie mit ihren Frauen und einigen Konkubinen. Das Tal der 13 Ming-Gräber *(Shisanling)* wählte der dritte Ming-Kaiser, Yongle, nach Feng-Shui-Aspekten als Grabstätte der Dynastie aus. Nicht bestattet sind hier der erste Ming-Kaiser, der in Nanjing ruht, der zweite, den Yongle stürzte, und der siebte, der wegen dynastischer Zwistigkeiten in den Westbergen beerdigt wurde.

Das **Große Rote Tor** war der offizielle Eingang in der damals vorhandenen Mauer. Dahinter beginnt die **Geisterstraße,** an der überlebensgroße Tier- und Menschengestalten die Gräber vor Räubern und bösen Geistern schützen sollen. Am Ende versperrt das rot gestrichene **Drachen-und-Phönix-Tor** aus Holz den Blick auf das erste Grab.

Das **Changling** birgt den Leichnam Kaiser Yongles, der die Hauptstadt nach Peking verlegt und den Kaiserpalast erbaut hatte. Der südliche Teil repräsentiert mit Opferhallen und rechteckigen Formen das Leben, während der halbkugelförmige Tumulus den Himmel verkörpert.

Die unterirdische Konstruktion lässt sich am Grab **Dingling** des Kaisers Wanli erkennen, das als bisher einziges geöffnet wurde. Schwere Marmortüren verwehrten den Eintritt in das 84 m lange Tonnengewölbe. Man fand die ersten beiden Kammern leer vor, in der dritten aber drei Marmorthrone mit Ritualobjekten. Quer zum Gewölbe liegt die Begräbniskammer, in der auf einem Podest die Särge Wanlis und seiner zwei Kaiserinnen ruhten.

Der Aufbau aller 13 Gräber ist ähnlich. Sie unterscheiden sich in Größe und Üppigkeit der Ausstattung. Die beiden restaurierten Gräber werden stark besucht, doch bei den anderen Kaisergräbern kann man die Ruhe des Tals genießen.

AUSFLUG ZUR GROSSEN MAUER 4 2 J2

Die Große Mauer *(Cháng Chéng)* ist Chinas antibarbarischer Schutzwall, den der erste Kaiser, Qin Shihuangdi, ausbauen ließ, indem er für die Verbingung bereits vorhandener Mauerstücke sorgte. Seine Mauer von Lintao bis Liadong war 6000 km lang. Doch so, wie wir die Große Mauer heute vor uns sehen, gestaltete man sie erst zur Zeit der Ming-Dynastie, als man gerade die Mongolen vertrieben hatte und ihnen durch die Erweiterung des gigantischen Bauwerkes die Rückkehr erschweren wollte.

Schließlich wand sich der 3 bis 8 m hohe Wall mit seinen 12 m hohen Türmen auf einer Länge von etwa 6300 km über Bergrücken, Pässe und Gipfel. Er war niemals Grenzmarkierung, sondern diente als militärisches Hindernis und Nachrichtensystem weit hinter der Grenze gegen anrückende Barbaren, d.h. all jene, die jenseits des Reichs der Mitte lebten.

Bei Ausflüglern besonders beliebt ist der restaurierte Mauerabschnitt bei **Badaling,** nur 90 km nördlich von Peking. Hier erreicht die Mauer mit ca. 800 m ihren höchsten Punkt. Trotz des Rummels ist der Blick von oben auf die umliegende Landschaft erhebend. Ebenfalls gut besucht ist die Mauer in **Mutianyu,** 95 km nördlich. Etwas ruhiger und ursprünglicher geht es an den empfehlenswerten Mauerabschnitten **Simatai** und **Jinshanling** 120 km nordöstlich von Peking zu.
› mehr S. 18 Punkt 35

Einige Abschnitte sind sehr steil und erfordern festes Schuhwerk. Das Betreten nicht restaurierter Mauerstücke ist verboten!

Von Wachturm zu Wachturm verbreiteten Soldaten den Alarm an der Großen Mauer

GEBORENE HÄNDLER

Vielfältig und bunt ist das Angebot auf den chinesischen Straßenmärkten

Schon vor 2000 Jahren fand ein reger Austausch von Waren und Ideen mit China über die Seidenstraße statt, die von Xi'an bis nach Europa reichte. Als ab dem 17. Jh. viele Chinesen auswanderten, weitete sich das meist auf Familienbande beruhende Handelsnetz bis nach Amerika aus. Bis heute arbeiten Verwandte in aller Welt beim Handel mit Waren zusammen.

In China gehört dazu ganz selbstverständlich das Feilschen um den Preis. Es ist eine hohe Kunst, die Menschenkenntnis, Lust und Humor verlangt, damit alle beteiligten Parteien zum Schluss zufrieden sind. Für die Chinesen war es eine regelrechte Befreiung, als mit der Wirtschaftsreform auch die Märkte zurückkehrten. Seitdem sind sie in jedem Dorf und jeder Stadt wieder zu sehen.

SPEZIALITÄTEN

Die Kantonesen essen alles, was fliegt, außer Flugzeugen, und alles, was vier Beine hat, außer Tischen und Stühlen, sagen ihre nordchinesischen Landsleute. Das mag etwas übertrieben sein, doch tatsächlich gelten in Kanton und Umgebung viele Tiere als Delikatesse, die in Europa nicht mit Schweinen, Kühen und Schafen auf eine Stufe gestellt würden, so etwa Hunde und Schlangen, die im Winter als »wärmende« Speisen verzehrt werden, oder Affen, Schildkröten, Frösche, Insekten und vieles andere mehr. Aber keine Angst: Solchen »Spezialitäten« begegnet man auf Märkten heutzutage nur selten. Zudem sind sie so teuer, dass sie nur auf Bestellung serviert werden.

In ihrer Vielfalt unvergessliche Eindrücke und entsprechend einmalige Fotomotive bieten Ihnen z.B. die **Markthalle** in der Altstadt von **Suzhou** oder der **Tanshijie Freimarkt** in der Donglu in **Xi'an.**

ANTIQUITÄTEN

Echte Antiquitäten sind selten zu finden. Ihre Ausfuhr ist nur mit Genehmigung des Kulturministeriums erlaubt, die kaum zu bekommen ist › S. 177. Zwangsläufig werden auf den Märkten meistens Fälschungen oder billig produzierte Massenware angeboten. Trotzdem sind manche Stücke recht schön, man sollte aber auf jeden Fall die Preise entsprechend herunterhandeln.

- Peking: **Hongqiao,** oberster Stock in einem Kaufhaus am Osttor des Himmelstempels; **Beijing Curio City,** 21 Dongsanhuan Nanlu, westlich der Huawei-Brücke; **Rongbaozhai,** in der Antiquitätenstraße Liulichang; **Panjiayuan-Markt,** Panjiayuan, Huawei Lu, im Südosten, jenseits der 3. Ringstraße, typisch chinesisches Kunsthandwerk.
- Hongkong: Läden auf der **Hollywood Road,** Central District.
- Shanghai: **Maoming-Markt,** viele Mao-Memorabilien (Liuhe Lu/Dongtai Lu); drei Stockwerke in einem **Kaufhaus,** 457 Fang Bang Zhonglu (nahe Kreuzung mit Henan Lu).
- Xi'an: Nicht immer ganz billige Souvenirs findet man an den Ständen und in den Läden zwischen dem Trommelturm und der Großen Moschee.

MARKENWARE UND FÄLSCHUNGEN

Zahlreiche Firmen lassen inzwischen ihre Markenware in China fertigen, seien es nun Kleidung, Schuhe, Werkzeuge, Koffer oder Spielwaren. Eigentlich müssten alle Artikel ausgeführt werden, doch auf dunklen Wegen gelangen große Mengen der Überproduktion aus den Fabriken auf die chinesischen Märkte.

- Peking: Alle Märkte wurden in Kaufhäuser umgesiedelt, sowohl der **Xiushui-(Seidenstraßen)-Markt** in der Xiushui Lu als auch der **Yashou Markt,** 58 Gongren Tiyuchang Beilu in Chaoyang, in dem es von Gebrauchsgegenständen bis hin zu Massagen alles gibt, was China zu bieten hat.
- Hongkong: **Temple Street Night Market,** nördlich des Kowloon Parks, nur abends; Stanley Market, Stanley, im Süden der Insel Hongkong.

Trotz massiver internationaler Proteste und wiederholter Razzien der Polizei werden auf den lokalen Märkten weiterhin Imitate von Markenartikeln zu günstigen Preisen angeboten. Deren Einfuhr wird in Europa allerdings mit (hohen!) Bußgeldern geahndet und strafrechtlich verfolgt.

Große Auswahl an Seidenstoffen

XI'AN & DER WESTEN

Die alte Stadtmauer von Xi'an ist als Flaniermeile und Radweg in der Gegenwart angekommen

Neben Xi'an, das innerhalb seiner Stadtmauern mit Atraktionen wie Großer Moschee, Glocken- und Trommelturm aufwarten kann, sind die einzigartige Terrakottaarmee und die buddhistischen Longmen-Grotten einen Ausflug wert.

Zu den Höhepunkten jeder Chinareise gehört die Besichtigung der noch immer nicht vollständig ausgegrabenen Armee aus lebensgroßen Terrakottafiguren. Sie schützte symbolisch das Grab des ersten Kaisers. Die Ausgrabungsstätte liegt außerhalb von **Xi'an.** Neben dem großen Schacht mit mehreren Tausend Kriegern sollte man den als Befehlszentrum bezeichneten kleineren Schacht mit vielfältigeren Figuren auf keinen Fall verpassen. Eine Ausstellung zeigt, wie bunt die heute grau-braunen Figuren ursprünglich bemalt waren. Auch ein im Halbformat originalgetreu nachgebautes Modell eines kaiserlichen Reisewagens lohnt einen genaueren Blick.

Weitere bis zu 2000 Jahre alte Zeugnisse chinesischer Kulturleistungen sind in den beiden interessanten Museen Xi'ans ausgestellt, im Geschichts- und im Provinzmuseum. Dazu gehören der berühmte Stelenwald Hunderter mannshoher beschrifteter Steinstelen und die herrlichen Tonfiguren mit dreifarbiger Glasur aus der Tang-Dynastie. Die beiden Wildganspagoden künden von der Verbreitung buddhistischer Lehren, die über die Seidenstraße aus Indien in das vor 15 Jahrhunderten bemerkenswert kosmopolitische Chang'an gelangten, der Reichshauptstadt unweit vom heutigen Xi'an.

Nicht nur für Gräberfreunde ist die Umgebung von Xi'an eine wahre Fundgrube. Nördlich des Flusses Wei zieht sich eine lange Hügelkette hin, an deren Abhängen zahllose Mausoleen von Kaisern, Kaiserinnen, Prinzen, Prinzessinnen, Genérälen und hohen Beamten verschie-

Die sagenhaften Longmen-Grotten sind am besten per Boot zu erreichen

dener Dynastien liegen. Mehrere sind im Lauf der Jahre geöffnet worden, sodass man die unterirdische Konstruktion und Dekoration der Türen und Wände sowie in kleinen Museen die teils üppigen Grabbeigaben betrachten kann. Es fällt eine bemerkenswerte Kontinuität der Grabanlagen im Vergleich zu den viel später entstandenen Mausoleen der Ming- und Qing-Kaiser in der Umgebung von Peking auf.

Eine der vielfältigsten und bemerkenswertesten Sammlungen von Devotionalien, Sakral- und Alltagsgegenständen fand sich in einer verborgenen Krypta der Pagode des Famen Tempels (Famen Si), ebenfalls nordwestlich von Xi'an. Wer Zeit genug hat, sollte sich diese Kleinodien nicht entgehen lassen, die jetzt in einem Museum neben dem Tempel ausgestellt sind.

In der Stadt **Luoyang** genügen ein kurzer Spaziergang durch die Altstadt und ein Besuch des Tempels der Weißen Pferde am Stadtrand, bevor die Hauptsehenswürdigkeit der Region erkundet wird: die **Longmen-Grotten,** zahllose mit buddhistischen Figuren bestückte Höhlen. Für die Besichtigung der Grotten sollte man einen ganzen Tag einplanen und am besten bereits vormittags damit beginnen.

Wer sich für chinesische Kampfkunst interessiert, wird sich den Ausflug zum **Shaolin-Kloster** kaum entgehen lassen. An ein Kloster erinnert die Atmosphäre dort allerdings nicht mehr, seit man erkannte, dass sich mit Kung-Fu *(gongfu)* viel Geld verdienen lässt. Nicht umsonst sorgten unzählige Filme für seine Bekanntheit. In modernen Gebäuden werden Hunderte Kinder und Erwachsene trainiert und Besucher kräftig zur Kasse gebeten. Schönster Ort ist auch hier einer, der dem Tod geweiht ist: der Friedhof der Mönche mit Stupas als Symbol für Buddha und seine Lehre.

TOUREN IN DER REGION

TOUR 3

XI'AN & TERRAKOTTA-ARMEE

ROUTE: Trommelturm > Glockenturm > Große Moschee > Provinzmuseum > Wildganspagoden > Geschichtsmuseum > Terrakottaarmee > Thermalquelle Huaqing > Banpo

KARTE: Seite 84
DAUER: Zwei Tage. Davon einen ganzen Tag für den Ausflug zur Terrakottaarmee einplanen.
VERKEHRSMITTEL: 1. Tag: Innerhalb der Stadtmauer am besten zu Fuß, sonst per Taxi oder Fahrrad. 2. Tag: mit Bus oder Taxi.

TOUR-START:

Am ersten Tag gilt die Aufmerksamkeit **Xi'an** 1 > S. 87. Zunächst bewegt man sich innerhalb der begehbaren Stadtmauer und spaziert vom **Trommelturm** B > S. 88 zum **Glockenturm** A > S. 88 und zur **Großen Moschee** C > S. 88.

Wenn noch genügend Zeit vor dem Mittagessen bleibt, sollte man per Taxi oder Fahrrad am Südtor der Stadtmauer vorbei zum **Xi'an-Beilin-Museum** D > S. 88, dem in einem ehemaligen Konfuziustempel beheimateten Provinzmuseum, fahren.

Nachmittags warten südlich der ummauerten Altstadt die **Kleine Wildganspagode** E > S. 90, die **Große Wildganspagode** G > S. 91 sowie das **Geschichtsmuseum der Provinz Shaanxi** F > S. 90 auf einen Besuch.

TOUREN IN XI'AN & UMGEBUNG

TOUR 3
XI'AN & TERRAKOTTAARMEE
Altstadt > Provinzmuseum > Wildganspagoden > Geschichtsmuseum > Terrakottaarmee > Huaqing > Banpo

TOUR 4
XI'AN & UMGEBUNG
Xi'an > Terrakottaarmee > Huaqing > Banpo > Grab Maoling > Famen-Tempel > Grab Qianling > Mausoleum der Prinzessin Yongtai > Mausoleum Zhaoling > Xianyang-Museum > Hanyang-Mausoleum

Karte S. 84

Der zweite Tag steht dann ganz im Zeichen der **Terrakottaarmee** 4 › S. 94. Mit dem Bus passiert man zunächst einen bislang nicht geöffneten Grabhügel. Etwa einen Kilometer weiter befindet sich schließlich die beeindruckende Grabungsstätte mit den Ausstellungshallen der verschiedenen freigelegten Schächte. Auf dem Areal gibt es außerdem zahlreiche Imbissstände und Souvenirläden.

Auf dem Rückweg bietet sich noch ein Abstecher zur **Thermalquelle Huaqing** 3 › S. 93 an, wo sich einst die Kaiser entspannten. Auf dem parkähnlich gestalteten Gelände verteilen sich Badehäuser, Pavillons und ein Palast.

Sehenswert ist auch das Museum des Steinzeitdorfes **Banpo** 2 › S. 93 mit besonders interessanten Beerdigungsurnen und schwarz-rot dekorierter Keramik.

TOUR 4

XI'AN & UMGEBUNG

ROUTE: Trommelturm › Glockenturm › Große Moschee › Provinzmuseum › Wildganspagoden › Geschichtsmuseum › Terrakottaarmee › Thermalquelle Huaqing › Banpo › Grab Maoling › Famen-Tempel › Grab Qianling › Mausoleum der Prinzessin Yongtai › Mausoleum Zhaoling › Museum von Xianyang › Hanyang-Mausoleum

KARTE: Seite 84

DAUER: Vier Tage, davon zwei Tage für Xi'an, ein Tag für die Terrakottaarmee, ein Tag für Gräber und Mausoleen.

VERKEHRSMITTEL: 1. und 2. Tag: zu Fuß, per Taxi oder Fahrrad. 3. Tag: mit dem Bus. 4. Tag: Mietwagen mit Fahrer.

TOUR-START:

Wenn man vier Tage in **Xi'an** 1 verbringen möchte, kann man sich für die in Tour 3 › S. 85 beschriebene Stadtbesichtigung mehr Zeit lassen und einen Spaziergang auf der Stadtmauer einmal rund um die dicht besiedelte Altstadt mit herrlicheen Blicken über die vielen Dächer und Gassen unternehmen. Am 3. Tag fährt man dann zur **Terrakottaarmee** 4 › S. 94 und macht einen Abstecher zur **Thermalquelle Huaqing** 3 › S. 93 oder vielleicht zu den Steinzeitfunden von **Banpo** 2 › S. 93. Der 4. Tag ist der Erkundung der teils weiter voneinander entfernt liegenden Mausoleen, Museen und Tempel nördlich des Flusses Wei › S. 96 gewidmet. Unter den Hügeln verbergen sich eine Vielzahl von Grabanlagen für Kaiser und Kaiserinnen, Generäle und hohe Beamte aus der Han- und Tang-Dynastie. Besonders lohnt ein Besuch des **Famen-Tempels** 6 › S. 96 etwa 100 km westlich von Xi'an, denn das Museum dort präsentiert viele Grabbeigaben. Auf dem Weg Richtung Flughafen ist außerdem das **Hanyang-Mausoleum** 11 › S. 97 einen Abstecher wert.

UNTERWEGS IN DER REGION

XI'AN 1 F6

Xi'an (9 Mio. Einw.) liegt wenige Kilometer südlich des Wei-Flusses, eines Seitenarms des Huanghe, der als Lebensspender die fruchtbare Lössebene durchzieht. Hier befindet sich eines der ältesten Siedlungsgebiete Chinas. Es wurden Spuren von etwa 5000 Jahre alten Dörfern gefunden.

Chang'an, die Vorläuferstadt des heutigen Xi'an (Westlicher Friede), wurde 582 in der Sui-Dynastie gegründet und durch die nachfolgende Tang-Dynastie zur vielleicht größten Stadt der damaligen Welt mit etwa 1 Mio. Einwohnern ausgebaut. Sie war streng geometrisch angelegt: Im rechten Winkel zueinander verlaufende Straßen, die auch den heutigen Stadtplan noch beherrschen, teilten sie in 108 jeweils von einer Mauer umgebene Quartiere, in denen Bewohner gleichen Standes und Berufs lebten. Die ganze Stadt war von einem Erdwall mit 17 Toren umgeben. In der Nähe des Ost- und Westtores lagen Märkte, der Palast hingegen im Norden.

Das Chang'an des 8. Jhs. muss eine überaus kosmopolitische Stadt gewesen sein; man fand Münzen aus Arabien und Persien, die belegen, dass die Seidenstraße als Handelsweg gut funktionierte. Händler aus vielen Teilen der Welt lebten hier über Jahre und durften Tempel ihrer jeweiligen Religion errichten. Doch mit der Tang-Dynastie ging auch Chang'an unter. Erst in der Ming-Dynastie blühte sie erneut auf. Man baute eine befestigte Mauer um die Stadt, die allerdings im Vergleich zur Tang-Dynastie nur noch ein Sechstel der Fläche umfasste, setzte einen Glocken- und einen Trommelturm ins Zentrum und restaurierte die Tempel, Paläste und Häuser.

Zu wirklicher Bedeutung gelangte Xi'an spater allerdings nicht mehr. Als nach 1949 die Textilproduktion angekurbelt wurde, entwickelte sich Xi'an zur Industriestadt, da in der Umgebung viel Baumwolle wächst. Doch in die Schlagzeilen der Welt gelangte es erst 1974, als Bauern bei Aushubarbeiten für einen Brunnen die riesige Terrakottaarmee des Ersten Kaisers entdeckt hatten.

STEINABREIBUNG

Zur Verbreitung von auf Steinstelen eingemeißelten Texten fertigte man Abreibungen an – eine Technik, die bis heute im Provinzmuseum beobachtet werden kann. Die Spezialisten kleben dünnes Reispapier auf die Stele und klopfen mit einer tuchbespannten Holzscheibe schwarze Farbe auf das Papier. Die Fläche wird dadurch schwarz gefärbt, während sich die eingeritzten Schriftzeichen weiß abheben.

DIE ALTSTADT 3

Die mingzeitliche **Mauer**, die 13,7 km lang und 12 m hoch ist, wurde rekonstruiert und mit vier Toren versehen. Bei einem Spaziergang auf ihrer Krone kann man weit über die Stadt und teils in die Höfe der Häuser blicken.

GLOCKENTURM A

Der dreistöckige, 36 m hohe Turm aus dem Jahr 1582 steht genau auf der Kreuzung der beiden Hauptachsen der Stadt, die die Stadttore miteinander verbinden. Man errichtete damals eine Plattform aus Stampferde, ummauerte sie und setzte den imposanten Holzturm für die Glocke oben drauf, die die Zeit angibt. Heute befindet sich eine Ausstellung im Turm, und vom zweiten Stock hat man einen guten Blick über Stadt und Tore.

Ein Muslim bei seinem Gebet in der Großen Moschee

TROMMELTURM B

In Sichtweite erhebt sich auch der aus dem 14. Jh. stammende Trommelturm über die flachen Wohnhäuser des muslimischen Viertels. Er ist 3 m kleiner als der Glockenturm. Bei Anbruch der Dämmerung wurde die Trommel geschlagen, um das Schließen der Stadttore zu verkünden.

GROSSE MOSCHEE C

Mitten in diesem lebhaften Viertel liegt an der Huajie Xiang hinter einer hohen Mauer die Große Moschee, eine von 14 in der Stadt. Etwa 90 000 Bewohner gehören dem muslimischen Volk der Hui an, einer der offiziell anerkannten Minderheiten. Auf den ersten Blick ist die 742 begründete Stätte gar nicht als Moschee zu erkennen, denn die Anordnung der Gebäude und viele Dekorationen entsprechen der chinesischen Tradition. Selbst das Minarett ist ein Pavillon, in dem interessante Fußbodenreliefs erhalten blieben. Auch die Gebetshalle, im Süden quer zur Zentralachse angeordnet, zeigt ausgeprägte Merkmale des chinesischen Baustils und glänzt mit einem Dach aus blauen Glasurziegeln. Interessant ist eine Mondtafel von 1733, auf der eine Tabelle eingraviert wurde, mit der der islamische Mondkalender berechnet werden kann.

XI'AN-BEILIN-MUSEUM D

Direkt innerhalb der massigen Stadtmauer, unweit des Südtores, lag einst der Konfuziustempel der Stadt, der Anfang des 20. Jhs. zum

Karte S. 89

Museum umgebaut wurde. Zumindest im südlichen Eingangsbereich blieb aber mit der hohen Geistermauer, dem mingzeitlichen Ehrentor und dem halbmondförmigen See die ursprüngliche Anordnung erhalten. Auf dem Mittelweg, vorbei an Seitengebäuden und Pavillons, geht man im dritten Hof auf eine große quadratische Stele aus der Tangzeit zu. Ihr ebenfalls quadratisches und dreistufiges Podest symbolisiert die Erde; die Wolkendarstellungen an der Spitze der Stele

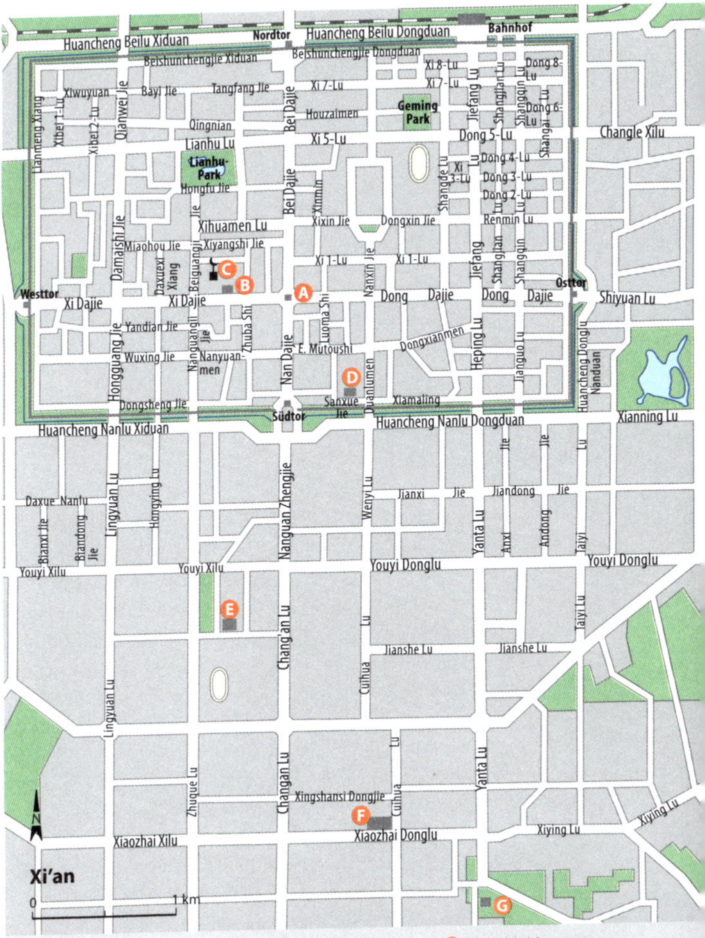

Ⓐ Glockenturm
Ⓑ Trommelturm
Ⓒ Große Moschee
Ⓓ Xi'an-Beilin-Museum
Ⓔ Kleine Wildganspagode
Ⓕ Geschichtsmuseum der Provinz Shaanxi
Ⓖ Große Wildganspagode

stehen für den Himmel. Auf dem Körper der Stele werden Aussagen von Konfuzius über die kindliche Pietät zitiert und in kleinen Schriftzeichen erläutert. Bereits im Jahr 1090 begann man mit dem Sammeln von Stelen. Auf ihnen wurden wichtige Texte wie etwa die konfuzianischen Klassiker oder historische Abhandlungen festgehalten, um sie so vor den häufigen Bränden zu schützen.

VIELFÄLTIGE MÄRKTE

- Auf dem **Panjiayuan-Markt** in Peking findet man typisch chinesisches Kunsthandwerk und hübsche Mitbringsel. > S. 81
- Der **Maoming-Markt** in Shanghai bietet eine große Auswahl an Mao-Memorabilien. > S. 81
- Auch jenseits der Stadtmauer, auf dem **Tanshijie Freimarkt** erweist sich Xi'an als quirlige Stadt des Handels. > S. 93
- Äußerst beliebt ist der **Nachtmarkt der Wushan Lu** in Hangzhou, den man voller Hingabe nach Souvenirs durchstöbern kann. > S. 121
- In Hongkong kann man einen Bummel über den belebten **Temple Street Nachtmarkt** mit allen Sinnen genießen. > S. 157
- Auf dem **Qingping-Markt** in Kanton kann man die teils kuriosen Heilmittel der traditionellen chinesischen Medizin bestaunen und kaufen. > S. 165

In der seitlichen Ausstellungshalle für Steinskulpturen sind – neben buddhistischen Skulpturen – mehrere Tierdarstellungen aus der Han- und Tangzeit sowie Sarkophage aus der Sui- und der Tang-Dynastie ausgestellt. Davor steht die einzigartige steinerne Schildkrötenstele, deren aufklappbarer Panzer den Text über das Leben eines Verstorbenen freigibt. Die tangzeitlichen Pferdedarstellungen auf Sandsteinreliefs stammen aus dem Grab des zweiten Tang-Kaisers. Vor der Halle ragen zahlreiche Steinsäulen mit Tierfiguren empor, die einst zum Anbinden von Pferden dienten.

SÜDLICH DER STADTMAUER

Wenn man durch das Südtor den von der Mauer umgebenen Stadtteil verlässt, befindet man sich immer noch auf dem Stadtgebiet aus der Tangzeit.

KLEINE WILDGANSPAGODE E

Die Pagode *(Xiaoyanta)* erhebt sich 2 km südlich des Tores. 684 ließ hier die Tang-Kaiserin Wu Zetian einen Tempel zum Gedenken an den verstorbenen Kaiser Gaozong bauen, in dem sich später etwa 200 Mönche ansiedelten. Die quadratische Pagode wurde allerdings erst 706 angefügt. Die ursprüngliche Tempelanlage blieb nicht erhalten.

GESCHICHTSMUSEUM DER PROVINZ SHAANXI F ★

Hinter den mächtigen Pforten in der Xiaozhai Donglu verbergen sich die im Stil der Tangzeit erbauten Hallen des Geschichtsmuseums.

Die modern konzipierte Dauerausstellung umfasst etwa 3000 kostbare, meist originale Fundstücke der Zeitspanne vom Neolithikum bis zur Qing-Dynastie.

Stundenlang kann man durch die Räume und Gänge wandern und die englischen Beschriftungen zu den Eponaten studieren. Höhepunkte sind die Relikte aus der Zeit von Qin Shihuangdi › S. 91. Künstlerisch ansprechend sind vor allem die originalen Fresken aus tangzeitlichen Gräbern, auf denen individualisierte Motive und die detailgenaue Ausführung den hohen Stand der damaligen Kultur verdeutlichen. › mehr S. 15 Punkt 21

GROSSE WILDGANSPAGODE G

Nicht weit entfernt ragt in der Yanta Lu die 64 m hohe, siebenstöckige Große Wildganspagode *(Dayanta)* empor. Der Tang-Kaiser Gaozong

QIN SHIHUANGDI

Der erste Kaiser kommt in der chinesischen Geschichtsschreibung in der Regel gut weg, weil man sein Ziel, die Reichseinigung, lobt. Allerdings ignoriert man dabei, welche Mittel er anwandte. Vor allem war er ein Despot, der zwischen den Jahren 230 und 220 v. Chr. in einem zehnjährigen Feldzug die Fürsten der Nachbarstaaten unterwarf, ihre Hauptstädte dem Erdboden gleichmachte und Kopien ihrer Paläste in seiner Hauptstadt Xianyang errichtete.

Nach dieser Gewaltorgie begann er mit dem Staatsaufbau, eine Tat, die ihm auch von heutigen Parteifürsten noch so hohes Ansehen einbrachte, dass selbst Mao sich mit dem »Ersten, Erhabenen, Göttlichen von Qin«, so die wörtliche Übersetzung seines Titels, verglich. Qin Shihuangdi schaffte den Feudalismus ab und errichtete eine streng hierarchische Verwaltungspyramide, an deren Spitze er sich selbst setzte. Ihm unterstanden Kanzler und Minister sowie zivile und militärische Gouverneure in den Provinzen. Hinzu kam eine Vereinheitlichung von Maßen und Gewichten, der Schrift und von Architekturdetails beim Bau bis hin zur Breite der Fahrrinnen für Wagen. Als Abwehr- und Nachrichtensystem wurden bereits vorher bestehende Mauern und Wälle zwischen den kleinen Einzelstaaten zu einem vor allem nach Norden gerichteten Mauersystem verbunden.

Zu diesen gewaltigen Infrastrukturmaßnahmen zog der neue Herrscher Millionen von Soldaten, Zwangsarbeitern und Sklaven heran, die dann gleich auch die Prachtbauten des Größenwahnsinnigen zu errichten hatten – nicht zuletzt seine Grabanlage, deren ganze Ausmaße bis heute unbekannt sind. Genutzt hat es ihm wenig, denn schon im Jahr 210 v. Chr. starb der erste Kaiser und hinterließ einen schwachen Thronfolger, der vier Jahre später die Macht an die restaurative Han-Dynastie verlor. Die Prinzipien der Herrschaft von Qin Shihuangdi setzten sich im Lauf der Zeit jedoch durch und gelten bis heute als vorbildlich.

Karte S. 89

hatte im Jahr 647 zunächst einen Tempel aus der Sui-Dynastie zu Ehren seiner Mutter ausbauen lassen. Darin wohnte später der Mönch Xuanzang (602–664), der von seiner 17-jährigen Indienreise wertvolle buddhistische Schriften mitgebracht hatte.

Um die kostbaren Papierrollen vor Feuer zu schützen, ließ der Kaiser eine ummauerte Stampflehmpagode bauen. Nachdem diese eingestürzt war, spendierte Kaiserin Wu Zetian im Jahr 704 einen siebenstöckigen Neubau. Schäden an aus dem 11. und 13. Jh. wurden bei einer Restaurierung 1580 behoben. Der quadratische Bau strahlt heute eine schlichte Eleganz aus. Eine Holztreppe führt in die oberen Stockwerke, von denen man eine herrliche Aussicht genießt.

Das **Kloster Da Ci'en** zu Füßen der Pagode war in der Tangzeit das größte der Stadt. Hier übersetzte der Mönch Xuanzang die buddhistischen Schriften aus dem Sanskrit ins Chinesische. Den heutigen Reichtum des Klosters beweist die aufwendige Gestaltung der Anlage einschließlich einer Licht- und Wassershow, die allabendlich auf dem Vorplatz stattfindet.

HOTELS

Bell Tower €€

Solide Zimmer und exzellentes Restaurant mit Gerichten nach ming- und qingzeitlichen Rezepten. Die zentrale Lage neben dem Glockenturm ist kaum zu überbieten.

- 110 Nan Dajie | Xi'an
  Tel. 029/87 60 00 00
  www.belltowerhtl.com

Shangri-La Hotel €€

Gut geführtes Hotel mit internationalem Standard. Große Zimmer, Spa, Pool, Sauna.

- 8 Changle Xilu | Xi'an
  Tel. 029/83 23 29 8 | www.shangri-la.com

Atour Hotel €

Saubere Zimmer in trendigem Hotel direkt an der Stadtmauer neben dem Südtor.

- 331 Huancheng Nan Lu Dong Duan | Xi'an
  Tel. 029/87 87 85 55
  www.atourhotelxian.com

RESTAURANTS

Defachang €€

Dieses Restaurant, das auch eine Filiale hat, ist auf *jiaozi* (Teigtaschen) spezialisiert. > **mehr S. 14 Punkt 14**

- 18 Anban Jie | Xi'an | Tel. 029/87 27 38 53
- 298 Dong Dajie (Filiale) | Xi'an
  Tel. 029/87 21 40 65

Haidilao Hot Pot City €€

Zweifellos der beste Feuertopf der Stadt. Tipp: Die Kung-Fu-Nudeln bestellen und die akrobatisch anmutende Zubereitung am Tisch fotografieren.

- 63 Jiefang Lu | Xi'an
  Tel. 029/87 39 00 99

Jia San Guan Tang €€

Baozi-Restaurant mit großer Auswahl der gefüllten gedämpften Hefebrötchen.

- 93 Bei Yuan Men | Xi'an

Laosunjia €

Hier gibt's das beste Yangrou Paomo, eine Spezialität der Shaanxi-Küche: Heißer Eintopf aus gehacktem, gedünstetem Sauerteigbrot, das in Lammbrühe gegart und mit Lammfleisch serviert wird.

- Nanxin Jie (Ecke Dong Dajie) | Xi'an
  Tel. 029/87 42 18 58

NACHTLEBEN

Shaanxi Grand Opera House

Tanz und Gesang aus der Tang-Dynastie.

• 165 Wenyi Jie | Xi'an
Tel. 029/87 85 32 95

SHOPPING

Zwischen Trommelturm und Moschee sind die Preise überhöht. Nur durch kräftiges Feilschen wird ein Souvenir erschwinglich.

Tanshijie Freimarkt

Südlich der Stadtmauer lockt der bunte Straßenmarkt mit exotischen Lebensmitteln und tollen Fotomotiven.

• Donglu | Xi'an

AUSFLUG IN DEN OSTEN XI'ANS

BANPO 2 F6

Durch Zufall fanden Bauarbeiter Anfang der 1950er-Jahre in Banpo, am Stadtrand Xi'ans, über 3000 Jahre alte Keramiken aus der Zeit der Yangshao-Kultur. Die neolithische Siedlung bestand aus etwa 45 meist runden Hütten. Die Archäologen entdeckten zudem eine große Halle in der Dorfmitte und fast 200 Vorratsgruben mit Getreide, Tontöpfen, Werkzeugen und Tierknochen. Östlich vom Dorf lagen Brennöfen und der Friedhof, auf dem Kinder in Tonurnen und Erwachsene in Rückenlage bestattet wurden. Ausgegrabene Skelette und freigelegte Fundamente werden in der überdachten Halle ausgestellt. Das Museum präsentiert die schwarz-rote Yangshao-Keramik mit stilisierten Fisch-, Menschen- und Wilddarstellungen (tgl. 8–17 Uhr).

THERMALQUELLE HUAQING 3 F6

Die Thermalquelle liegt etwa 30 km östlich von Xi'an, am Fuß des Lishan, des Bergs des Schwarzen Pferdes. Hier soll seit 2800 Jahren mineralhaltiges und etwa 43 °C heißes

Badehaus und Pavillons säumen die wohltuend warmen Quellen von Huaqing

Wasser aus dem Boden sprudeln, in dem sich schon die Tang-Kaiser mit ihren Lieblingskonkubinen zu entspannen wussten. Die berühmteste war die schöne Konkubine Yang, der Kaiser Xuanzong ein eigenes Badehaus errichten ließ. In der angenehmen, aber oft überlaufenen Parkanlage wurden mehrere Pavillons und gar ein ganzer Palast im Tang-Stil rekonstruiert. Wenn Sie genug Zeit haben, können Sie auf den Li-Berg steigen, dessen Abhang seit mehreren Jahrhunderten mit Pavillons und Tempeln gespickt ist.

KUNSTVOLLE KRIEGER

Es wurden 85 verschiedene Namensstempel gefunden, die beweisen, dass mindestens 1000 Personen mit der Herstellung der Tonfiguren befasst waren. Die Basisplatten und Unterschenkel der Figuren bestehen aus massivem Ton, darauf wurde eine Platte als Unterkante der Kleidung gesetzt. Die Körper bauen sich aus Tonwülsten oder vorgefertigten Platten auf; an sie wurden die separat gefertigten Arme später angesetzt. Die Köpfe entstanden in Hohlformen aus zwei Teilen. Erst bei den Feinarbeiten erhielten die Soldaten gewisse individuelle Gesichtszüge. Schließlich wurden die unglasierten Figuren bei etwa 1000 °C gebrannt, bunt angemalt und mit hölzernen Waffen mit Bronzespitzen versehen.

TERRAKOTTA-ARMEE 4 ★4 F6

Auf dem Weg zur Terrakottaarmee passieren Sie zunächst den früher etwa 120 m hohen Grabhügel Qin Shihuangdis, von dem heute nur noch 47 m zu sehen sind. Der Reichseiniger ordnete sofort nach seiner Thronbesteigung den Bau der unterirdischen Grabanlage, die noch nicht geöffnet wurde, und der sie umgebenden Soldatenfelder an. Am Monumentalgrab des gleichermaßen genialen wie größenwahnsinnigen Kaisers schuftenen jahrelang bis zu 700 000 Zwangsarbeiter. Laut Aufzeichnungen des Historikers Sima Qian fließt unter einem künstlichen Himmel, dessen Sterne aus Edelsteinen bestehen, ein Quecksilberbach um die letzte Ruhestätte des Kaisers.

Das 1974 zufällig entdeckte Feld der Terrakottaarmee besteht aus vier Schächten: zwei mit großen Figuren, die Kommandozentrale und ein weiterer. Die gewaltige Gesamtanlage scheint bis zum Tod des Kaisers nicht fertiggestellt und nach dem Ende der Dynastie nicht weitergebaut worden zu sein.

In dem 230 m langen und 62 m breiten **Schacht 1** hinter dem Museumseingang stehen die Soldaten- und Pferdefiguren dicht an dicht in elf von 2,5 m dicken Wänden getrennten Gängen. Der Boden ist mit Ziegeln bedeckt. Früher befand sich eine von Holzpfosten gestützte Decke aus Baumstämmen, Strohmatten, 30 cm Mörtel und 3 m Erde über den Figuren, sodass das Feld etwa 1,5 bis 2 m über das Bodenni-

Lebensgroß in Reih und Glied schützen die Terrakottakrieger das Grab ihres Kaisers

veau ragte. Die 6000 Figuren selbst wurden von bekannten Meistern mit jeweils zehn bis zwölf Gehilfen aus massivem Ton geformt.

Vom hinteren Ausgang gelangt man zum ähnlich gestalteten, Ende 1994 geöffneten **Schacht 2.** In Glasvitrinen sind hier Originale der Terrakottafiguren ausgestellt, darunter der kniende Bogenschütze.

Im viel kleineren **Schacht 3** der Kommandozentrale stehen die Figuren nicht in Schlachtordnung, sondern wenden sich nach innen und tragen Zeremonialwaffen. Die 68 individuell gestalteten Terrakottakrieger stellen wohl militärische Führer dar. Am Ende der langen Zugangsrampe wartet ein vierspänniger Kampfwagen mit einem Offizier, einem Wagenlenker und zwei Soldaten.

Besonders wertvoll sind die zwei beim Grabhügel gefundenen Bronzewagen. Im Maßstab 1:2 verkleinert und aus jeweils etwa 3000 Einzelteilen zusammengesetzt, sind sie originalgetreue Nachbildungen eines Begleit- und eines Reisewagens des Kaisers (tgl. 8.30–18 Uhr).

AUSFLUG IN DEN WESTEN XI'ANS

In den Hügeln nördlich des Flusses Wei befindet sich viele Mausoleen von Kaisern und Kaiserinnen, Generälen und hohen Beamten sowie weiteren Adligen vor allem aus der Zeit der Dynastien Han und Tang.

Wegen der größeren Entfernungen auch zwischen den Gräbern kann man die zur Besichtigung freigegebenen Stätten nicht alle an einem Tag besuchen. Entweder nimmt man zwei Tage Zeit, oder man trifft eine Auswahl. Zur Orientierung: Der Famen-Tempel ist ca. 100 km von Xi'an entfernt.

GRAB MAOLING 5 E6

Hier ruht Han Wudi, der bekannteste Kaiser der Han-Dynastie (reg. 140–87 v. Chr.). Am Nachbargrab seines Generals Huo Qubing zeigt ein Museum Alltagsgegenstände sowie Grabbeigaben der Hanzeit. Berühmt sind die Steinskulpturen am Grabhügel. Es handelt sich um die ältesten Chinas (tgl. 8–18 Uhr).

FAMEN-TEMPEL 6 E6

In der Kleinstadt Famen soll im 2. Jh. für eine Fingerreliquie des historischen Buddhas ein Stupa angelegt worden sein, der dann später mehrfach erweitert wurde. Als die Pagode aus der Mingzeit in den 1980er-Jahren einstüzte, wurde eine Krypta mit wertvollen Sakralgegenständen freigelegt, die jetzt in einem Museum neben dem Tempel *(Famen Si)* ausgestellt sind: Figuren, Münzen, Kleidungsstücke, in Seide gewickelte Metallobjekte, Keramik aus der Tangzeit, Gefäße zum Abbrennen von Sandelholz, Teegefäße sowie Kästen und Truhen.

GRAB QIANLING 7 E6

Am Grab des dritten Tang-Kaisers, Gaozong, wurden 61 Statuen gefunden, vermutlich von Botschaftern als Zeugen der Beisetzung. Es ist weiterhin unbekannt, warum später alle Statuen enthauptet wurden (tgl. 8.30–17.30 Uhr).

MAUSOLEUM DER PRINZESSIN YONGTAI 8 E6

Das Mausoleum der Enkelin Gaozongs wurde geöffnet und zeigt beeindruckende, typisch tangzeitliche Wandmalereien sowie im Museum Originale der zeitgenössischen dreifarbig glasierten Tierplastiken (tgl. 8.30–17 Uhr).

Diese vier Stätten lassen sich, wenn man früh genug aufbricht, an einem Tag besichtigen.

MAUSOLEUM ZHAOLING 9 E6

Diese riesige Anlage mit über 160 Gräbern birgt auch die letzte Ruhestätte des Taizong-Kaisers, der seinen Vater, den Begründer der Tang-Dynastie, vom Thron verdrängte und mehrere seiner Brüder ermorden ließ, um an die Macht zu gelangen. Das Museum stellt außer Grabbeigaben auch Reproduktionen von Wandgemälden aus (tgl. 8.30–17 Uhr).

MUSEUM VON XIANYANG 10 F6

Hier ist besonders die Terrakottaarmee aus dem Grab eines Han-Generals sehenswert. Sie umfasst etwa 3000 Figuren von ca. 50 cm Größe (Di–So 9–17 Uhr).

MAUSOLEUM HAN-YANG 11 E6

Die Funde der Han-Dynastie und die einzigartige vollständige Sammlung von Grabbeigaben aus dem Mausoleum des Kaisers Jingdi und der Kaiserin Wang Zhi sind in einem Museum ausgestellt, das auch Einblicke in die laufenden Ausgrabungen gestattet (tgl. 8.30–18 Uhr).

LUOYANG 12 G6

Die Stadt am Nordufer des Luo (1,5 Mio. Einw.) gehört zu den am längsten besiedelten Gebieten Chinas und war alleinige oder zweite Hauptstadt von neun frühen Dynastien. Unter der Herrschaft des mandschurischen Nomadenvolks der Toba war der Buddhismus die vorherrschende Religion. Ende des 5. Jhs. begann man damit, in die Sandsteingrotten einige Kilometer südlich des Ortes Figuren zu meißeln, in etwa 400 Jahren fast 100 000 Statuen und Reliefs in mehr als 1300 Höhlen. Obwohl die Longmen-Grotten bei den Buddhistenverfolgungen im 9. Jh. und durch spätere Plünderer große Schäden erlitten, bleiben sie ein überwältigendes Zeugnis buddhistischen Glaubens und seines künstlerischen Ausdrucks. Ferner ist Luoyang als Stadt der Päonien (Pfingstrosen) bekannt. Die Zeit der Blüte im Frühjahr hüllt die ganze Stadt in Rosarot.

In der **Altstadt** Luoyangs im Osten der heutigen Stadt entdeckte man zwei Gräber aus der Han-Dynastie, die in den **Wangcheng-Park** am Fluss Jian verlegt wurden. Der Park markiert die Hauptstadt des frühen Zhou-Reiches. Das erste Grab aus dem 1. Jh. v. Chr. hat die ältesten bekannten Pinsel-Wandmalereien von Tieren und kosmischen Symbolen. Das zweite etwa 200 Jahre jüngere Grab wurde einem Wohnhaus der damaligen Zeit nachgebildet. Das **Stadtmuseum** dokumentiert in einem Tempel aus der Mingzeit in der Ostecke des Parks die Grabungen und stellt archäologische Funde aus der 5000-jährigen Siedlungsgeschichte der Region aus (tgl. 9–16.30 Uhr, www.lymuseum.com).

Den Weg zur Stupa im Famen-Tempel säumen riesige vergoldete Buddhaskulpturen

Die Buddhastatue des Shakyamuni in der mittleren Binyang-Grotte stammt aus dem 6. Jh.

HOTEL

Christian's Hotel €€

2 km vom Bahnhof, mit 96 hellen Zimmern und hilfsbereitem Personal.

- 56 Jiefang Lu | Luoyang
  Tel. 03 79/63 12 71 89
  www.christianshotelluoyang.com

AUSFLÜGE VON LUOYANG

LONGMEN-GROTTEN

13 5 G6

Nach der Verlegung des Regierungssitzes der Wei-Dynastie im Jahr 494 entstanden in einer Sandsteinschlucht diese buddhistischen Höhlentempel. Etwa 400 Jahre meißelten Handwerker Figuren in die Longmen-Grotten.

Vom Bahnhof Luoyang fahren die Busse 53, 60, 81 und die Touristenlinie zu den Grotten. Vormittags ist die Sicht bei günstigen Lichtverhältnissen am besten. Festes Schuhwerk hilft auf den Felstreppen.

Die **Höhle des Unterirdischen Baches** *(Qianxidong)* ist charakteristisch für die Kunstausübung der Tang-Dynastie (7.–10. Jh.), v. a. wegen des Ensembles aus dem Buddha Amitabha in der Mitte, flankiert von seinen Lieblingsschülern Ananda und Kasyapa, zwei Bodhisattwas und außen zwei Himmelswächtern.

In der dreiteiligen **Binyang-Grotte** umgeben zehn Bodhisattwas den historischen Buddha, der die Hand als Zeichen seiner Schutzgewährung hebt. Guanyin, die Göttin der Barmherzigkeit, weist den Weg in die **Grotte der Zehntausend Buddhas** *(Wanfodong)*, deren Wände mit weit mehr als 10 000 kleine Figuren verziert sind.

Der mit 17 m größte Buddha, der sich im **Fengxian-Tempel** aus dem späten 7. Jh. befindet, soll die Gesichtszüge der Kaiserin Wu Zetian tragen. Sie saß als einzige Frau offiziell auf Chinas Kaiserthron.

Einen Schatz früher chinesischer Medizinweisheiten birgt die **Rezeptgrotte** *(Yaofangdong)* aus dem späten 6. Jh. mit über hundert Inschriften zu Krankheiten wie Malaria und Magenverstimmungen.

Die **Guyangdong** gehört zu den ältesten Höhlen. Hier erkennt man Anklänge an den indischen Buddhismus, und mit der Darstellung von Dämonen werden auch Verbindungen zum Daoismus aufgezeigt.

TEMPEL DER WEISSEN PFERDE 14 H6

Der Tempel *(Baima Si)* 13 km östlich der Stadt soll der älteste buddhistische Tempel in China sein. Die heutige Anlage stammt allerdings aus der Mingzeit. An den Seitenmauern des ersten Hofes befinden sich die Gräber der beiden (vielleicht legendären) indischen Buddhisten, die sich hier im Jahr 68 niederließen, um die Schriften zu übersetzen, die sie auf zwei weißen Pferden mitgebracht haben sollen. Östlich des Tempels steht die Wolkenkratzer-Pagode *(Qiyunta)* aus der Song-Dynastie (tgl. 7.30–17.30 Uhr).

SHAOLIN-KLOSTER 15 H6

Etwa 80 km südöstlich von Luoyang steht das aus unzähligen Kung-Fu-Filmen bekannte **Shaolin-Kloster** *(Shaolin Si)*. Im Jahr 527 soll es der indische Mönch Bodhidharma (480–528) besucht haben, der den Chan-Buddhismus (jap. *Zen*) verbreitete. Unter seiner Anleitung praktizierten die Mönche, denen die Mediationen auch physisch einiges abverlangten, bestimmte Atem- und Bewegungsübungen zur Körperertüchtigung. Daraus entwickelten sich dann später die ausgefeilten Kampftechniken, die teils Verhalten und Bewegungen von wilden Tieren in der schroffen Bergwelt nachahmen.

In der **Tausend-Buddha-Halle** des Klosters kann man Wandmalereien der 500 Luohan aus der Ming-Ära bewundern.

Außerhalb der Klostermauern liegt der Pagodenwald, ein Friedhof mit etwa 220 Beerdigungsstupas von Äbten, die bis in die Tang-Zeit zurückdatieren. Der Begründer dieser Dynastie hatte seine Macht nur mit Hilfe der Mönche sichern können, sodass ihre Kampfkünste seitdem besonders gefördert werden.

In der Kulturrevolution wurde das Kloster fast zerstört, die Mönche wurden verfolgt und vertrieben. Aber seit hier 1982 der Film »Das Shaolin-Kloster« gedreht wurde und die Kampfkünste in China eine neue Blüte erleben, wurden nicht nur die alten Bauwerke wieder aufgebaut, sondern es entstanden außerdem neue Wohn- und Übungshallen. Hunderte von Schülern, Chinesen wie Ausländer, werden hier inzwischen auf Atemtechnik und Körperkontrolle gedrillt. Und damit fließt neben der Kraft des *qi* auch die des Geldes (www.shaolin.org.cn). › mehr S. 17 Punkt 25

SHANGHAI & DER OSTEN

Taijishan, die Fächerform des Taiji, trainiert diese Shanghaierin vor der Kulisse Pudongs

Von Shanghai mit seiner atemberaubenden Skyline geht es in das für seinen Drachenbrunnentee berühmte Hangzhou, in das Seiden- und Gartenparadies Suzhou und mit dem Schiff durch die Drei Schluchten des Yangzi.

Shanghai ist neben Tianjin der bedeutendste Hafen Chinas, doch liegt die »Stadt über dem Meer«, so die wörtliche Übersetzung, gar nicht direkt am Meer, sondern ein paar Kilometer vor der Mündung des Flusses Huangpu in den Yangzi, der dann wiederum kurz darauf in das Ostchinesische Meer mündet. Die flache, wasserreiche Gegend ist von Flüssen und Bächen durchzogen sowie von Kanälen, die seit Hunderten von Jahren dem Transport dienen.

Der ca. 6400 km lange **Yangzi** war zudem bis ins 20. Jh. mangels Fernstraßen der einzige Weg ins Landesinnere. Mühsam wurden Lastkähne von Menschen oder Tieren flussaufwärts getreidelt, also an langen Seilen gezogen. Die Menschen lebten an den Ufern der Flüsse und Kanäle, nicht an Straßen, sodass die Umsiedlung wegen des Drei-Schluchten-Damms das soziale Netz der Leute zerschnitt.

Der Yangzi ist nach wie vor eine wichtige Wasserstraße. Es kann vorkommen, dass sich die Schiffe vor den Schleusen stauen, die nur halb so viel Verkehr erlauben wie ursprünglich geplant. Zwar ist die Schönheit der Landschaft erhalten geblieben, doch am Damm gleiten die Kreuzfahrtschiffe nun über einen Stausee, dessen Wasser kaum mehr fließt und sehr schmutzig sein kann.

Shanghai ist *die* Boomtown Chinas mit Hochhäusern überall, autobahnähnlichen Straßenschneisen auf mehreren Ebenen, teuren Läden und Büros – manchmal auch zu teuer und zu spekulativ. Im Stadtteil Pudong, jenseits des Flusses, steht jedenfalls die Hälfte der Büros leer; trotzdem wird abends das Licht eingeschaltet. Und auch der Transrapid, der vom Flughafen bis an den Stadtrand (und nicht in die Innenstadt) fährt, ist lediglich eine Sehenswürdigkeit: Die hohen Ticketpreise können sich längst nicht alle Shanghaier leisten.

Nicht verpassen sollte man jedoch einen Besuch im Shanghai-Museum, in dem kostbare Funde der letzten zwei Jahrtausende ausgestellt werden. Auch der Jadebuddha-Tempel mit einem fast 2 m großen, aus Jade geschnittenen Buddha ist sehenswert.

Eine etwas andere Welt versprechen die beiden Nachbarstädte, Suzhou und Hangzhou, die zwar auch modernisiert wurden und neben zahlreichen Hochhäusern viele Schnellstraßen aufweisen, jedoch mehr von ihrem historischen Charakter erhalten konnten. **Hangzhou** ist vor allem um den idyllischen Westsee noch erholsam und weist mit der Seiden- und Teeindustrie zwei eng mit China verbundene, traditionelle Beschäftigungszweige auf. Von Hangzhou lohnt sich ein Ausflug zum Berg **Huangshan.**

Suzhou war schon zu Zeiten der Qing-Dynastie eine Rentnerstadt. Hochstehende und wohlhabende Beamte und Militärs verbrachten hier ihren Lebensabend, erwarben ein Grundstück, bauten darauf ein Haus und einen Garten, dessen künstliche Wasserflächen aus einem der vielen Kanäle gespeist wurden, die durch die Stadt flossen und noch fließen. In diesen Gärten, von denen viele inzwischen öffentlich sind, findet man Rückzugsmöglichkeiten, die man in den hektischen Boomstädten oft vermisst. Und so gibt es auch in China schon eine ganze Menge Pendler, Menschen, die in Shanghai arbeiten und in Suzhou leben und täglich mit Zug oder Auto hin und her fahren.

TOUREN IN DER REGION

TOUR 5

EIN TAG IN SHANGHAI

ROUTE: Bund › Peace Hotel › Pudong › Nanjing Lu › Shanghai Museum › Jadebuddha-Tempel › Altstadt Nanshi › Yu-Garten

KARTE: Seite 104
DAUER: Mindestens einen Tag.
VERKEHRSMITTEL: Vom Ausgangspunkt Ⓜ **Henan Zhonglu** geht es weiter zu Fuß und mit dem Taxi.

TOUR-START:

Früh am Morgen sollte aufstehen, wer sich nur einen Tag Zeit für Shanghai nehmen kann. Dann ist die breite Promenade am **Bund** Ⓐ › S. 107 schon von Turnern, Tänzern und Taiji-Kundigen bevölkert. Vom **Fairmont Peace Hotel** Ⓑ › S. 107 hat man einen guten Blick hinüber auf das andere Ufere mit dem grellen **Fernsehturm** Ⓕ › S. 109 und der Hochhauslandschaft von Pudong. Auf dem Fluss geht es ebenfalls geschäftig zu, zahlreiche Frachter ziehen vorbei. Shoppingsfans müssen sich bloß umdrehen, um sich in den Kommerz der Boutiquen und Kaufhäuser an der teilweise verkehrsberuhigten Nanjing Lu › S. 112 zu stürzen. Ein paar Stunden sollte man auf jeden Fall für den Besuch im **Shanghai-Museum** Ⓘ › S. 110 einplanen, das einen guten Überblick über Kunst und Kunsthandwerk in China liefert. Anschließend fährt man Richtung Norden zum **Jadebuddha-Tempel** Ⓙ › S. 110. Letztendlich steht noch ein kurzer Bummel durch die Altstadt Nanshi und den **Yu-Garten** Ⓝ › S. 111 auf dem Programm. Die meisten Häuser in der Umgebung wurden im alten Stil neu errichtet. Für den Abend bleibt eine große Auswahl an Restaurants, Kneipen und Bars.

TOUR 6

SHANGHAI & UMGEBUNG

ROUTE: Shanghai › Zhujiajiao › Zhouzhuang › Suzhou › Hangzhou › Huangshan

KARTE: Seite 104
DAUER: Fünf Tage. Je einen Tag muss man für Shanghai, Suzhou und Hangzhou mindestens einplanen.
VERKEHRSMITTEL: 1. Tag: › Tour 5. 2. Tag: Mietwagen mit Fahrer nach Zhujiajiao und Zhouzhuang. 3. Tag: Zug nach Suzhou, Taxi in der Stadt. 4. Tag: Zug nach Hangzhou, in der Stadt zu Fuß und mit Taxi. Die Zugfahrkarten sollte man im Voraus kaufen, am besten lässt man dies durch das Hotel oder ein Reisebüro erledigen. 5. Tag: Bus oder Mietwagen mit Fahrer zum Berg Huangshan, für den Aufstieg braucht man etwa 3–8 Stunden (ein längerer und ein kürzerer Wanderweg). Oder man fährt mit der Seilbahn hinauf (Minibus zur Talstation ab Tangkou). Dann geht es zurück nach Shanghai oder weiter in andere Städte

TOUR-START:

Shanghai 1 › S. 105 kann man, wie oben beschrieben, am ersten Tag besichtigen.

Der zweite Tag ist den »Wasserstädten« **Zhujiajiao** 2 › S. 113 und **Zhouzhuang** 3 › S. 113 im Westen

Dieser Aufstieg zum Huangshan-Gipfel ist wohl eher etwas für Schwindelfreie

der Metropole gewidmet. Der Ausflug dauert mit einem Mietwagen angesichts des Verkehrs einen ganzen Tag. Vor Ort ist Eintritt zu zahlen, dafür kann man einige restaurierte Wohnhäuser besichtigen, die alle eine schmale Front zum Kanal haben. Fotografen können hier mit gebogenen Brücken und Trauerweiden Chinaklischeess für die Daheimgebliebenen ablichten. Und zum Mittagessen lässt man sich auf einfachen Hockern oder Bänken am Wasser nieder. Am Wochenende sind die malerischen Städte auch ein beliebtes Ausflugsziel chinesischer Touristen. Aber während der Woche kann man sie manchmal »ganz für sich« haben.

Am dritten Tag empfiehlt es sich wegen des starken Verkehrs mit dem Zug nach **Suzhou** 6 › S. 122 und **Hangzhou** 4 › S. 116 zu fahren.

Karte S. 104

Wer sich nicht besonders für Gärten und Gartenbaukunst interessiert, kann am vierten Tag früh morgens nach Suzhou fahren, am Bahnhof für den Tag ein Taxi zu einem Pauschalpreis von rund 800 Yuan mieten und so im eigenen Tempo Gärten, Pagoden und Tempel ansehen. Am frühen Abend kehrt man dann wieder nach Shanghai zurück und stürzt sich ins Nachtleben. Wer die Gärten jedoch in aller Ruhe erkunden und genießen möchte, sollte unbedingt eine Übernachtung in Suzhou einplanen. Da der Weg nach Hangzhou weiter ist und die Strecken innerhalb der Stadt länger sind, sollte man hier aber auf jeden Fall übernachten.

Hangzhou ist außerdem am fünften Tag der ideale Ausgangspunkt für einen Ausflug zum **Huangshan** 5 › S. 121: Man benötigt für die Fahrt bis zum Dorf Tangkou am Fuß des Bergs einen Tag. Um bei Sonnenaufgang oben zu sein, steigt man entweder mitten in der Nacht auf und am selben Tag wieder ab, oder man nimmt sich mehr Zeit, steigt am Nachmittag auf, übernachtet oben und steigt am nächsten Tag wieder hinunter.

Von Hangzhou gibt es Flüge in viele andere chinesische Städte, sodass man am Ende dieser Tour nicht unbedingt nach Shanghai zurückkehren muss.

TOUR 7

VON SHANGHAI ZUM YANGZI

ROUTE: Shanghai › Zhujiajiao › Zhouzhuang › Suzhou › Hangzhou › Huangshan › Chongqing › Yangzi › Yichang › Wuhan

KARTE: Seite 104 und Seite 130
DAUER: Acht bis zehn Tage.

TOUREN IN SHANGHAI & UMGEBUNG

TOUR 5
EIN TAG IN SHANGHAI
Bund › Pudong › Shanghai-Museum › Jadebuddha-Tempel › Altstadt Nanshi

TOUR 6
SHANGHAI & UMGEBUNG
Shanghai › Zhujiajiao › Zhouzhuang › Suzhou › Hangzhou

TOUR 7
VON SHANGHAI ZUM YANGZI
Karte › S. 130

VERKEHRSMITTEL: 1.–5. Tag: siehe Tour 6 »Shanghai und Umgebung«. 6.–8. (10.) Tag: Mit dem Flugzeug nach Chongqing, von dort auf dem Yangzi mit dem Schiff Richtung Yichang bzw. Wuhan.
Die Schiffe weisen unterschiedliche Standards auf, sodass man bei der Buchung auch darauf, und nicht nur auf die Strecke, achten sollte.

TOUR-START:

An den ersten fünf Tagen ist das Besichtigungsprogramm wie bei der vorigen Tour. Die Yangzi-Kreuzfahrten beginnen meistens in **Chongqing** 7 › S. 130. Die Drei Schluchten › S. 131 haben nach dem Bau des Staudamms bei **Sandouping** 13 › S. 132 an Reiz verloren. Manche Schiffe fahren jetzt bei höherem Wasserstand auch in die Nebenflüsse des Yangzi, die früher für größere Schiffe nicht befahrbar waren. Die meisten Kreuzfahrten enden in **Yichang** 15 oder **Wuhan** 16 › S. 132.

Da die Schleusen am Drei-Schluchten-Damm meist nicht richtig funktionieren, muss hier mit Zeitverzögerungen gerechnet werden. Viele kleinere Gesellschaften schiffen ihre Passagiere vor dem Damm aus und lassen sie mit Bussen nach Yichang bringen.

VERKEHRSMITTEL

- Vom Shanghaier Flughafen Pudong kommt man in nur sieben Minuten mit dem Transrapid in die Stadt (50 Yuan, mit gültigem Flugticket 40 Yuan). Allerdings liegt die Endstation in einem Vorort. Von der U-Bahn-Station Longyang Lu nimmt man dann die U-Bahn-Linie 2 bis zur Innenstadt. Anlässlich der Expo 2010 wurde das U-Bahnnetz in Shanghai massiv erweitert. Bis 2020 sind 22 Linien geplant. Einfache Fahrten kosten zwischen 3 und 9 Yuan. Natürlich kann man sich in Shanghai auch mit dem Taxi oder Bus fortbewegen, muss dafür aber angesichts der Verkehrsdichte relativ viel Zeit einkalkulieren. Empfehlenswert ist eine Hafenrundfahrt. Die Schiffe legen am Bund ab (Dauer ca. 1–3 Std.).

UNTERWEGS IN DER REGION

SHANGHAI 1 M8

Shanghai (ca. 24 Mio. Einw.) gab sich schon im 20. Jh. als mondäne Metropole mit Flair und Atmosphäre. Unter Ausländern galt die Stadt am Huangpu in den 1920er-Jahren als das »Paris des Ostens«. Nachdem sie in der Kulturrevolution besonders extrem dem Mao-Kurs gefolgt war, entwickelte sie sich seit Mitte der 1990er-Jahre zu *der* Boomtown Chinas, in der sich Firmen aus aller Welt ansiedelten. Dabei ist das alte Shanghai mit seinen Kolonial- und Art-déco-Häusern bis auf wenige Reste verschwunden. Riesige Schneisen wurden durch die

Stadt gezogen, die Einwohner dagegen in die Hochhaussiedlungen am Stadtrand verdrängt. Unzählige Wolkenkratzer ringen um Höhenrekorde, und auf einem Sumpfgelände östlich vom Huangpu-Fluss entstand der neue Stadtteil Pudong mit Geschäftszentren und dem Flughafen. Mit dem 632 m hohen Shanghai Tower und dem 492 m hohen Shanghai World Financial Center stehen hier die zwei höchsten Gebäude Chinas. Zwischen Flughafen und Messegelände Shanghai New International Expo Centre verkehrt der Transrapid, die Magnetschwebebahn mit einer Höchstgeschwindigkeit von bis zu 430 km/h. Im seichten Mündungstrichter und am flachen Ufer des Yangzi gewinnt Shanghai stetig ein bisschen Land dazu. Und auch in den kommenden Jahren wird weiter gebaut: an elf Satellitenstädten, an einem 970 km langen U-Bahn-Netz sowie Straßen, Brücken und Tunnel für über 2,5 Mio. Fahrzeuge. Shanghai verdankt seine wirtschaftliche Bedeutung seinen ausgezeichneten Verkehrsverbindungen. Die Seehäfen sind über das chinesische Eisenbahnnetz und den Kaiserkanal bestens an das chinesische Binnenland angeschlossen.

Sehenswürdigkeiten wie das Shanghai-Museum, die Stadtplanungsausstellung, den Jadebuddha-Tempel und den Yu-Garten könnte man relativ schnell abhaken, aber wo bliebe dann Zeit für einen Einkaufsbummel in der Nanjing Lu oder für das Nachtleben oder für die Höhenrekorde in Pudong?

GESCHICHTE

Im Jahr 960 wird Shanghai erstmals urkundlich erwähnt. Die wichtige Hafenstadt im Yangzi-Delta erlebt im 13. Jh. ihre erste Blütezeit als Umschlagsplatz für chinesische Baumwolle, Seide und Tee. Europäer ließen sich in größerer Zahl ab 1842 in Shanghai nieder, nachdem die Briten im Opiumkrieg die marode Qing-Dynastie gezwungen hatten, fünf Häfen für den Handel zu öffnen. Sie sicherten sich außerdem das Recht, Siedlungen mit eigener Gerichtsbarkeit und Polizei zu gründen. Die jüngere Geschichte der Stadt lässt sich am Stadtplan ablesen. Das einstige Chinesenviertel ist, abgegrenzt durch die Ringstraßen Renmin Lu und Zhonghua Lu, deutlich zu erkennen. Nördlich davon am Bund richteten die Briten (1842), südwestlich die Franzosen (1847) ihre Viertel, die sog. Konzessionen, ein. Später folgten US-Amerikaner (1863) und Japaner (1895), die ihre Gebiete der britischen Konzession angliederten.

Bedeutende Banken und Handelshäuser verlegten ihre Asiensitze in die günstig gelegene Hafenstadt. In der Folge entwickelte sich Shanghai zu einer Metropole mit einer für die damalige Zeit avantgardistischen Bauweise und jenen anrüchigen Etablissements, die Marlene Dietrich im Film Shanghai-Express (1932) dazu veranlassten zu sagen: »Es war mehr als ein Mann nötig, um meinen Namen in Shanghai-Lily zu ändern.«

Nach dem Zweiten Weltkrieg und dem Einmarsch der Kommunisten in Shanghai 1949, verlor die Stadt ihre Rolle als asiatisches Wirtschaftszentrum. Ausländische Firmen zogen um nach Hongkong. Erst als die Zentralregierung in Peking Mitte der 1980er-Jahre beschloss, mit Shanghai die Modernisierung Chinas voranzutreiben, begann der neue rasante Aufschwung. Ausdruck dessen ist die 1990 eingerichtete Sonderwirtschaftszone Pudong mit der atemberaubenden Skyline.

AM BUND Ⓐ ★6 b3

Chinas berühmteste Straßenecke liegt bei der Einmündung der Nanjing Lu auf die Zhongshan Lu, die allerdings besser bekannt ist unter dem Namen **The Bund**.

Beide Ecken besetzt heute das **Fairmont Peace Hotel** Ⓑ b3, dessen Nordgebäude 1929 als Cathay Hotel von der irakisch-jüdischen Familie Sassoon eröffnet wurde. Das 77 m hohe, zwölfstöckige Gebäude folgt dem Stil des gotisch inspirierten Hochhausbaus der 1920er-Jahre in Chicago. Jugendstildekors zieren Gänge und Lobby im Erdgeschoss.

Die Prachtgebäude am Bund entstanden Anfang des 20. Jhs. meist als asiatische Niederlassungen großer Konzerne oder Banken. Südlich des Fairmont Peace Hotels fällt das von einem Glockenturm gekrönte **Seezollamt** Ⓒ b3 von 1927 ins Auge, dessen Eingangshalle Mosaiken von Schiffen schmücken. Wei-

Vom Huangpu-Park kann man über *The Bund* am Fluss entlangbummeln

ter südlich legen die Schiffe zu einstündigen Hafenrundfahrten ab.

Anlässlich der Expo 2010 wurde der Bund zu Gunsten der Fußgänger verbreitert, begrünt und untertunnelt. Von früh morgens bis spät in die Nacht schlendern Touristen am Fluss Huangpu entlang, um beeindruckende Ausblicke auf die traditionelle und futuristische Architektur – auch auf Pudong am gegenüberliegenden Ufer – zu genießen. Auf dem Wasser ziehen Ausflugsboote und Frachter vorbei. Besonders am Wochenende drängen und amüsieren sich Menschen auf dem Bund – auch Shanghaier.

Am nördlichen Ende vom Bund befindet sich der 1866 angelegte **Huangpu-Park** D a3, in dem europäische Siedler einst das Schild »Für Chinesen und Hunde verboten« aufgestellt haben sollen. Heute sind die Grünanlagen ein beliebter Treffpunkt der Einwohner von Shanghai. > mehr S. 12 Punkt 6

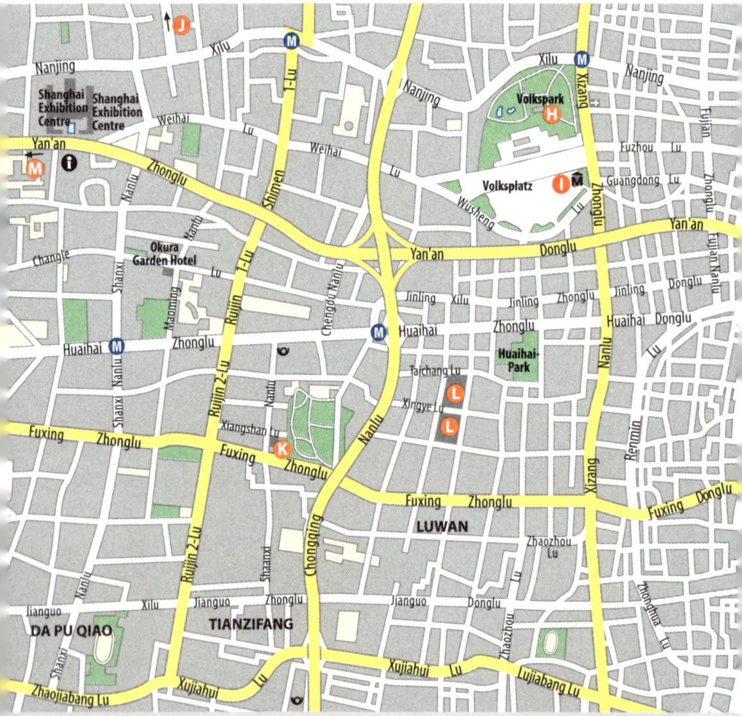

A The Bund
B Fairmont Peace Hotel
C Seezollamt
D Huangpu-Park
E Rockbund Art Museum
F Fernsehturm
G Jinmao Observatory 88
H Volkspark
I Shanghai-Museum
J Jadebuddha-Tempel
K Sun-Yatsen-Museum
L Gründungsstätte KPCh

Die Gegenwartskunst hat keine Tradition in der Wirtschaftsmetropole. Das von dem englischen Stararchitekten David Chipperfield umgebaute 1930er-Jahre-Gebäude des **Rockbund Art Museum** Ⓔ a3 gilt daher als Meilenstein der nationalen sowie internationalen Kunstavantgarde. Einen Besuch lohnen aber auch die Wechselausstellungen und das Museumscafé RAM (Di–So 10–18 Uhr, www.rockbundartmuseum.org).

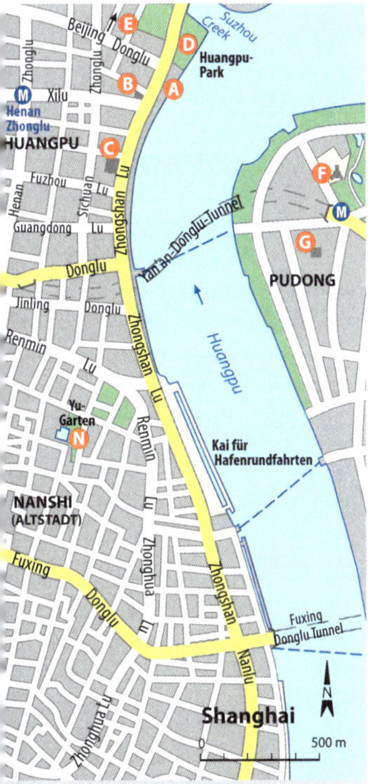

Ⓜ Shanghai Propaganda Poster Art Centre
Ⓝ Yu-Garten

PUDONG

Am Ostufer des Huangpu, südlich vom markanten **Fernsehturm** Ⓕ b4 konkurrieren im Geschäftsbezirk Pudong zahllose verspiegelte Bürotürme um Höhenrekorde. Für den stolzen Preis von 100–150 Yuan gewähren zwei sich gegenüberliegende Aussichtsplattformen einen überwältigenden Blick auf Shanghai: zum einen das **Jinmao Observatory** Ⓖ b4 (421 m) und zum anderen das **Shanghai World Financial Center** c5 (492 m), das wegen seiner Form »Flaschenöffner« genannt wird (tgl. 8–22 Uhr, abends oft großer Andrang).

Im Südosten liegt der neue **Flughafen Pudong,** der über eine Autobahn gut zu erreichen ist. Aber ein besonderes Erlebnis stellt die 30 km lange und bis zu 430 km/h schnelle Fahrt im Transrapid zwischen Flughafen und Stadtrand dar.

VOLKSPLATZ

Auf dem Gelände des heutigen **Volksparks** Ⓗ b1 legten Briten und Amerikaner 1860 eine Pferderennbahn an, auf der sich dann am Wochenende die High Society amüsierte. 1951 beschlagnahmten die neuen Machthaber die Anlage und richteten im Klubgebäude die Stadtbibliothek ein.

Gegenüber dem Nordeingang liegt mit dem **Pacific Hotel** eines der Shanghaier Traditionshotels. Es gehört den Hardoons, einer aus Bagdad stammenden jüdischen Familie, die es v.a. mit Immobilienspekulationen zu großem Reichtum brachte.

Am Volksplatz *(Renmin Guangchang)* südlich des Volksparks und nördlich der Yan'an Donglu liegt das repräsentative Zentrum der Stadt mit Rathaus, Oper sowie dem interessanten Museum für Stadtplanung und dem glanzvollen **Shanghai-Museum** **I** c1. Außen ist das für diesen Zweck errichtete Gebäude mit spanischem Marmor verkleidet, innen werden die wertvollen Funde der letzten zwei Jahrtausende mit modernster Museumstechnik effektvoll in Szene gesezt. Gezeigt werden alle Aspekte chinesischer Kunst, darunter Bronzegefäße, Münzen, Siegel, Keramiken, Jadestücke und Skulpturen, Kalligrafie und Malerei sowie Kunsthandwerk der Minderheiten (www.shanghaimuseum.net, tgl. 9–17 Uhr).

JADEBUDDHA-TEMPEL J

Der Mönch Huigen brachte 1881 von seiner Pilgerfahrt nach Burma (heute Myanmar) fünf Buddhastatuen mit, von denen er zwei dem Shanghaier Kloster Jiangwan stiftete, das dafür einen eigenen Tempel bauen wollte. Die Pläne wurden aber erst nach der Revolution von 1911 konkretisiert und der Tempel im Jahr 1921 fertiggestellt. Er besteht aus drei Hallen hintereinander und mehreren Seitengebäuden. Im Obergeschoss der dritten Halle befindet sich die Hauptattraktion des Tempels: der fast 2 m hohe sitzende Buddha aus einem einzigen Stück Jade. Im Erdgeschoss links kann man die zwar nur 96 cm große, aber ungeheuer fein gearbeitete Jadefigur eines ins Nirwana eingehenden Buddhas bewundern.

LUWAN

Nun sollte man einen Abstecher in den Süden der Stadt unternehmen. Dabei kommt man in der Maoming Nanlu an der 33 Stockwerke hohen Scheibe des **Okura Garden Hotels** vorbei, das an der Parkseite mit dem ehemaligen **Französischen Klub** verbunden ist. Gänge und Räumlichkeiten, vor allem der grandiose Ballsaal, sind im Art-déco-Stil gehalten.

Wie der Klub ist auch das benachbarte **Jinjiang-Hotel** mit dem Namen der Familie Sassoon verbunden, und auch hier blieben Stilformen der 1930er-Jahre erhalten. Vermutlich haben sie auch Mao Zedong gefallen, für den bei seinen Aufenthalten in Shanghai das ganze Hotel geräumt wurde.

Auf der **Huaihai Lu**, einst Hauptstraße des Französischen Viertels, entgehen die Shanghaier beim Einkaufen gern dem auf der Nanjing Lu üblichen Gedränge. › mehr S. 17 Punkt 28

Eher schlicht geht es in einigen Gebäuden der Nachbarschaft zu. In Haus Nr. 7 der Xiangshan Lu erinnert das kleine **Sun-Yatsen-Museum** **K** an den Gründer der Guomindang, der hier ab 1920 wohnte (tgl. 9–17 Uhr). Nicht weit entfernt davon befindet sich die **Gründungsstätte der Kommunistischen Partei Chinas** **L**. 1921 hatten sich hier Mao und zwölf Mitstreiter trotz eines Versammlungsverbots getroffen (76 Xingye Lu, tgl. 9 bis

17 Uhr). Interessant ist auch das weiter westlich gelegene private **Shanghai Propaganda Poster Art Centre** Ⓜ, in dem die jüngere Geschichte Chinas mittels Plakaten von 1910–90 nachvollziehbar wird (868 Huashan Lu, www.shanghaipropagandaart.com, tgl. 10 bis 17 Uhr).

ALTSTADT NANSHI ★

Im Geschäftsviertel der Altstadt, das der Qing-Ära nachempfunden ist, liegt inmitten eines künstlichen Teiches das Huxinting-Teehaus, das über eine Zickzackbrücke – zur Geisterabwehr – zu erreichen ist. Dieses erste Haus zur Erfrischung und Entspannung wurde vor 400 Jahren bei der Erweiterung des **Yu-Gartens** Ⓝ c3 erbaut, der 1559 von einem Provinzgouverneur als Privatgarten angelegt wurde. Er folgt den klassischen Vorgaben des südchinesischen Gartenstils und bietet zahlreiche überraschende Perspektiven (tgl. 8.30–17 Uhr).

Das Huxinting-Teehaus lädt zur Pause

HOTELS

Fairmont Peace Hotel €€€

Art déco trifft Moderne. Abends laden gute Restaurants zum Essen ein und die stadtbekannte Jazzband spielt.

- 20 Nanjing Donglu
  Shanghai
  Tel. 021/63 21 68 88
  www.fairmont.com

Anting Villa Hotel €€

In einer ruhigen Gegend des Französischen Viertels gelegenes Hotel mit ordentlichen, wenn auch teils etwas in die Jahre gekommenen 143 Zimmern.

- 46 Anting Lu | Xuhui | Shanghai
  Tel. 021/64 33 11 88
  www.antingvillahotel.com

Jinjiang Hotel €€

Etwas vom Flair des einst französischen Viertels spürt man noch im Hotelkomplex. Wer es modern mag und hoch hinaus will, wählt den JJ-Tower (€€€).

- 59 Maoming Lu | Shanghai
  Tel. 021/32 18 98 88
  www.jinjianghotels.com

Quintet Bed and Breakfast Guest House €€

Sechs stilvolle, individuell und modern gestaltete Zimmer in der eleganten Nachbarschaft alter französischer Villen.

- 808 Changle Lu | Shanghai
  Tel. 021/62 49 90 88
  www.quintet-shanghai.com

Karte S. 108

RESTAURANTS

Dragon Phoenix €€

Die große Auswahl kantonesischer Gerichte überzeugt und das Essen ist genauso ein Genuss wie der schöne Ausblick auf den Huangpu.

- Fairmont Peace Hotel (8. Stock)
  20 Nanjing Donglu | Shanghai
  Tel. 021/61 38 68 80
  www.fairmont.com

Meilongzhen €€

Traditions- und Spezialitätenrestaurant, versteckt im Hinterhof gelegen, mit üppigem Dekor und gediegener Atmosphäre. Unbedingt reservieren!

- 1081 Nanjing Xilu | Shanghai
  Tel. 021/62 56 66 88

Old Shanghai Moon €€

In traditionellem Ambiente werden Shanghai-Spezialitäten und scharfe Gerichte der Sichuan-Küche gereicht.

- Jinjiang Hotel (11. und 12. Stock)
  59 Maoming Nanlu | Shanghai
  Tel. 021/62 13 65 85

1221 €

Dekoration und Essen bieten eine durchaus interessante ost-westliche Mischung.

- 1221 Yan'an Xilu | Shanghai
  Tel. 021/62 13 65 85

NACHTLEBEN

Äußerst beliebt bei den Besuchern der Stadt ist eine abendliche **Busfahrt** durch das Lichtermeer von Pudong, Nanjing Lu und Altstadt. Buchung über Reiseagenturen. Das Vergnügungsviertel **Neue Welt** *(Xin Tiandi)* in der Taichang Lu mit hippen Klubs, Bars, Kneipen, Restaurants, Biergärten, Cafés und Geschäften ist immer gut frequentiert.

Cloud 9

Cool gestylte Bar im Jinmao Tower (87. Stock) in Pudong mit sagenhaftem Blick.

- 88 Century Avenue | Shanghai
  Tel. 021/50 47 12 34

Club JZ

Hier kann man bestem Jazz lauschen.

- 158 Julu | Shanghai
  Tel. 021/53 09 82 21 | www.jzclub.cn

Jazz Band im Fairmont Peace Hotel

Die »Rentnerband« spielt zum Tanz auf.

- 20 Nanjing Donglu | Shanghai
  Tel. 021/63 21 80 50

M1NT

Populäre Partylocation mit Danceclub und Bar im 24. Stock eines Bürogebäudes gleich hinter The Bund.

- 318 Fuzhou Lu | Shanghai
  Tel. 021/63 91 28 11
  www.m1ntglobal.com

Shanghai Centre Theatre

Akrobatiktheater mit täglichen Aufführungen. Reservierung erforderlich.

- 1376 Nanjing Xilu | Shanghai
  Tel. 021/62 79 86 63
  www.shanghaicentre.com/theatre

Shanghai Circus World

Ene faszinierende akrobatische Revue ist die Show »ERA Intersection of Time«.

- 2266 Gonghe Xinlu | Shanghai
  Tel. 021/31 37 86 19

SHOPPING

Die Shanghaier tätigen ihre Einkäufe gern auf der **Huaihai Lu**, während einheimische Touristen lieber auf der **Nanjing Lu** an Staatsläden, Boutiquen und riesigen Kaufhäusern vorbeischlendern.

Die Galerien, kleinen Kunstläden und Cafés in den Gassen des **Künstlerviertels Tianzifang** südlich des Sun-Yatsen-Museums sind perfekt für eine Entdeckungstour.

Huangshan Tea Co.
Der bekannteste Teeladen der Stadt. Man kann verschiedene der berühmten Sorten aus der Umgebung probieren.
• 605 Huaihai Zhonglu | Shanghai

Hu & Hu Antiques
Hochwertige Möbel und Wohnaccessoires, die ihren Preis haben.
• 1885 Caobao Lu | Shangha

Shanghai Tang
Das aufregende Modelabel des Hongkonger Designers David Tang residiert stilsicher im Art-déco-Bau.
• 868 Huaihai Lu (Cathay Mansion) Shanghai | www.shanghaitang.com

Spin
Minimalistische Keramik aus Jingdezhen, der Porzellanhauptstadt Chinas.
• 360 Kangding Lu | Shanghai

Tong Han Chun Dang
Traditionelle Apotheke für Heilkräuter und stärkende Substanzen nahe Yu-Gartens.
• 20 Yuyuan Xilu | Shanghai

AUSFLUG IN DIE WASSERSTÄDTE

Am Rand der Millionenmetropole Shanghai blieben an Flüssen und Kanälen kleine Handelsstädtchen erhalten, z. B. Tongli, Wuzhen, Nanxian, Zhujiajiao oder Zhouzhuang. Sie wurden restauriert, und an den großen, neuen Stadttoren ist Eintritt zu zahlen. Die Orte sind bei chinesischen Touristen sehr beliebt und durchgehend kommerzialisiert. Da die Städtchen einander ähneln, kann man sich mit der Besichtigung eines begnügen.

In **Zhujiajiao** 2 M8, 65 km westlich des Zentrums, spaziert man durch enge Gassen und über schmale, hochgebogene Brücken, die die Kanalbarken durchlassen. Die größte, fünfbogige Steinbrücke wird »Brücke der freigelassenen Fische« genannt, denn flussabwärts von ihr durfte nicht geangelt werden: Die Fische, die hier freigelassen wurden, waren buddhistische Opfergaben. Mehrere traditionelle Häuser sind renoviert und können besichtigt werden. Tafeln erklären die Funktion der verschiedenen Räume und Möbel. Die meisten Häuser haben nur eine schmale Front zur Straße oder zum Kanal, ziehen sich aber über 30, 40 Meter in die Tiefe. In einfachen Cafés und Restaurants kann man mit Blick auf den Kanal eine Erfrischung zu sich nehmen.

Noch 15 km weiter liegt **Zhouzhuang** 3 M8 am Jinghang-Kanal, der Suzhou und Shanghai miteinander verbindet. Ursprünglich war es ein Dorf aus der Zeit der Ming-Dynastie. Es besaß einst einen Hafen, in dem man rege mit Getreide, Porzellan und Seide Handel trieb. Zahlreiche Brücken überspannen heute den Kanal, auf dem man Bootsfahrten unternehmen kann; in den schmalen Gassen werden typische Souvenirs angeboten.

DER NEUE GLANZ DER NACHT

Die Designerbar Rouge bietet Drinks mit Ausblick auf das Lichtermeer von Shanghai

Vor 25 Jahren sah man nach Sonnenuntergang kaum einen Menschen auf den Straßen, heute fühlt man sich in den chinesischen Großstädten fast wie in London oder Paris. Es gibt viele Bars und Kneipen mit Livemusik sowie opulente Discos mit schriller Dekoration und gewagtem Programm, die nicht nur Ausländer anziehen, sondern vor allem chinesische Jugendliche aus wohlhabenden Familien. Eine besonders lebhaftete Szene entwickelte sich in Peking und Shanghai. Anderswo spielt sich das Nachtleben weitgehend in den Bars und Discos der großen Hotels ab. Besonders vielfältig und interessant ist natürlich das Hongkonger Nachtleben.

PEKING

Längst bietet nicht mehr der Fernseher das einzige Abendamüsement. Essengehen erfreut sich z.B. wachsender Beliebtheit. Die Bars und Discos in den Hotels spielen eine große Rolle, aber neben Sanlitun im Nordosten sind die Restaurants und Bars am Houhai-See oder das Richtung Flughafen gelegene Künstlerviertel Dashanzi beliebte Treffpunkte; im Kommen sind auch die Bars in Wudaokou (Bezirk Haidian).

- **Hot Cat Club** b3
  Pekings Topadresse für Livemusik: Blues, Rock, Reggae und Indie. Mi Comedy.
  46 Fangjia Hutong | Peking
  Tel. 010/64 00 78 68 | Tgl. ab 22 Uhr
- **Lotus Blue Bar** b3
  Gut besuchter Treffpunkt am Xihai-See.
  1 Xihaidongyuan | Dongcheng | Peking
  Tgl. 11.30–2 Uhr

SHANGHAI

Bis Mitte der 1990er-Jahre wurde das Nachtleben in Shanghai streng reglementiert. Seither hat sich eine junge Szene etabliert, und die gediegenen Hotelbars haben durch angesagte Bars in der Maoming Nanlu und Huaihai Zhonglu sowie die Restaurants, Bars, Klubs und Biergärten der Vergnügungsmeile Xin Tiandi Konkurrenz bekommen.

- **Bar Rouge** b3
  Beliebte Bar mit Ausblick vom 7. Stock auf den Bund und den Huangpu.
  18 The Bund (Ecke Hankou Lu) | Shanghai
  www.barrougeclubs.com | Tgl. 18–3 Uhr
- **Arkham** M8
  Beliebter Danceclub mit internationalen DJs und recht günstigen Drinks.
  1 Wulumuqi Lu | Shanghai
  Tel. 021/62 58 03 55
  www.arkhamshanghai.com
  Do 22–2, Fr/Sa 22–5 Uhr
- **M on the Bund** b3
  Köstliches, leichtes Essen und wohlsortierte Bar mit Blick auf Pudong.
  5 The Bund (Ecke Guandong Lu)
  Shanghai | Tel. 021/ 63 50 99 88
  www.m-restaurantgroup.com
  Tgl. mittags und abends

HONGKONG

Der wohl bekannteste Hongkonger Nightspot heißt Lan Kwai Fong, so wie die gleichnamige Straße, die mit der parallelen D'Aguilar Street das Amüsierviertel mit Klubs, Restaurants und Kneipen bildet. Der Bezirk liegt etwas oberhalb von Central. Neu hinzugesellt hat sich SoHo, was in Hongkong »South of Hollywood Road« bedeutet. Dort gibt es vor allem Restaurants mit moderner asiatischer und europäischer Küche. Die meisten befinden sich in der Elgin oder der Staunton Street oberhalb der Hollywood Road und sind über den Hillside Escalator gut zu erreichen. In Kowloon dominiert die Ashley Road das Geschehen mit zahlreichen Bars und Klubs.

- **Aqua Spirit** c3
  Bar mit ausgefallenen Drinks, gut aufgelegten DJs und unvergesslichen Blicken aus der 30. Etage. Aqua Restaurant (italienisch und japanisch) eine Etage tiefer.
  1 Peking Road | Hongkong
  www.aqua.com.hk | Tgl. 17–2 Uhr
- **Staunton's Wine Bar and Café** c2
  Gemütliche Weinbar mit Livemusik.
  10–12 Staunton Street | Midlevels
  Hongkong | www.stauntonsgroup.com
  Mo–Fr. 16–20 und 23–2 Uhr
- **Felix** c3
  Von Philippe Starck gestylte Restaurant-Bar mit grandiosem Blick über die Stadt.
  Peninsula Hotel (28. Etage)
  Salisbury Road | Hongkong
  www.peninsula.com | Tgl. 18–1.30 Uhr

Mehr Infos zu Peking, Shanghai und Hongkong findet man in den englischsprachigen Magazinen *that's Beijing, that's Shanghai, City Weekend* oder *Time out*.

Hell ist die Nacht auf Hongkongs Straßen

HANGZHOU 4 L9

Marco Polo bezeichnete sie als schönste Stadt der Welt, und mancher vermutete hier das Paradies. Hangzhou (ca. 9,8 Mio. Einw.) verdankt seine romantischen Attribute vor allem dem legendenumwobenen Westsee, aber auch seinem milden Klima, in dem Tee, Reis und Maulbeerbäume prächtig gedeihen. Die zahlreichen Seen, Gärten sowie Berge mit ihren Quellen und Bächen inspirierten seit Jahrhunderten Gelehrte und Künstler, die idyllische Landschaft in Worten und Gemälden festzuhalten.

Die Hauptstadt der Provinz Zhejiang liegt am Unterlauf des Qiantang-Flusses. Alljährlich am 15. Tag des 8. Mondmonats (in der Regel im September) gibt es eine große Springflut. Einst mündete der Fluss hier in einer breiten Bucht ins Meer. Als diese später versandete, blieb der Westsee übrig. Das zentrale Stadtgebiet liegt heute zwischen dem See und dem Fluss.

WESTSEE 7

Der Westsee *(Xihu)* gehört zu den am häufigsten gemalten und beschriebenen Landschaften Chinas. An drei Seiten ist er von Bergen umgeben, die sich im klaren Wasser spiegeln, wenn nicht gerade dichte Nebelschwaden über den See wabern. 2011 erklärte die UNESCO den Westsee und seine Umgebung zum Weltkulturerbe. Am Ufer gibt es zahlreiche Anlegestellen, an denen man Elekroboote für eine kleine Erkundungsfahrt aus dem Wasser ausleihen kann.

INSEL IM KLEINEN OZEAN A

Künstliche Eingriffe in die Natur steigerten die Romatik des Ortes. So schuf man 1607 die Insel im Kleinen Ozean *(Xiaoyingzhou)* durch einen ringförmigen und zwei sich kreuzende Dämme. Dabei entstanden

Die inspiererende Szenerie des Westsees verewigte Kaiser Kangxi in seinen Kalligrafien

auf der mit Pavillons, Wandelgängen und Toren aufwendig verzierten Insel vier kleine Seen. Mit Bambus, Lotos und Sträucher schuf man ein winziges Idyll. Seit 1621 ergänzen drei vor der Insel etwa 2 m aus dem Wasser ragende Steinpagoden die malerische Kulisse, vor der sich der Mond im Wasser spiegelt.

GUSHAN-INSEL B

Um eine weitere Versandung des Sees zu verhindern, wurde er mittlerweile ausgebaggert und das Erd-

A Insel im Kleinen Ozean
B Gushan-Insel
C Baochu
D Tempel des Generals Yue Fei
E Botanischer Garten
F Tempel der Seelenzuflucht
G Teemuseum
H Huagang-Park
I Quelle der Laufenden Tiger
J Pagode der Sechs Harmonien

reich für den Bau von zwei Dämmen verwendet: Der Sudi durchschneidet den See von Nord nach Süd, der Baidi verbindet das Nordufer mit der Gushan-Insel.

Man betritt den Baidi über die **Zerbrochene Brücke** *(Duanqiao)*, wo sich der Legende nach der Weiße Schlangengeist in ein wunderhübsches Mädchen verwandelte, dem ein junger Gelehrter verfiel. Die Geschichte endete tragisch, denn ein neidischer Mönch trennte die beiden und verbannte die Schlange in eine Pagode.

Der von Trauerweiden gesäumte Damm ist nach dem Dichter Bai Juyi (772–846) benannt, der für seinen Bau verantwortlich war. Der **Berg der Einsamkeit** auf der Insel ist zwar nur 38 m hoch, doch von oben können Sie eine ausgezeichnete Aussicht über den See und auf die umliegenden Berge genießen. Auch der Qianlong-Kaiser erfreute sich hier vor allem der Mondnächte, wozu er sich einen Pavillon mit dem Namen »Herbstmond über dem Stillen See« errichten ließ.

Der lachende Buddha in Lingyinsi

Die kaiserlichen Gebäude fielen den Taiping-Rebellen zum Opfer. An ihrer Stelle befindet sich heute das **Provinzmuseum**, zu dem auch eine Bibliothek aus dem 18. Jh. gehört. 1904 wurde die Gesellschaft der Siegelschneider gegründet, in deren Gebäuden etwas weiter westlich bis heute Siegel, Kalligrafien und Tuschbilder ausgestellt werden (Di–So 8.30–16.30 Uhr, www.zhejiangmuseum.com).

TEMPEL UND GÄRTEN

Nördlich der Beishan Lu ragt die Ende des 10. Jhs. errichtete und im Jahr 1933 rekonstruierte Steinpagode **Baochu** Ⓒ etwa 30 m hoch auf. Ursprünglich besaß der siebenstöckige Bau noch umlaufende Holzbalkone. Nicht weit entfernt sprudelt in der **Höhle des Gelben Drachen** *(Huanglongtucun)* eine Quelle aus dem Maul eines Steindrachen.

Am Nordwestende des Sees liegt der **Tempel des Generals Yue Fei** Ⓓ *(Yuemiao)*. General Yue (1103 bis 1142) kämpfte für die Song-Herrscher mehrfach gegen die Angreifer aus dem Norden, fiel jedoch einer Palastintrige zum Opfer. 80 Jahre später wurde er mit einer großen Grabanlage geehrt. Eine

Statue des Generals steht in der Ehrenhalle, umgeben von Gemälden mit Szenen aus seinem Leben. Kraniche, Drachen, Beamten- und Tierfiguren säumen den Weg zum Grab – es sind Zeichen der Treue und Loyalität. Am Grab knien, 1802 in Eisen gegossen, die vier höfischen Verschwörer.

Einen guten Kilometer vom Generalsgrab entfernt liegt der **Botanische Garten** E, der sich durch eine große Sammlung von Bambusarten und Kräutern auszeichnet.

Der **Tempel der Seelenzuflucht** F *(Lingyinsi)* soll von einem indischen Mönch im Jahr 326 gegründet worden sein, als dieser einen »hierhin geflogenen Berg« aus seiner Heimat zu erkennen glaubte. Die Tempelanlage folgt der traditionellen Anordnung. Besonders populär ist ein um 1100 entstandener lachender Buddha mit beeindruckender Körperfülle. Eine genauere Betrachtung verdienen außerdem zwei Steintafeln mit buddhistischen Texten aus dem 10. Jh.,

TEE

Tee wird aus den jungen Blättern des Teestrauches hergestellt. Für den grünen Tee werden die gerollten Blätter nur kurz gedämpft und dann getrocknet. Der schwarze Tee hingegen wird etwa vier Stunden fermentiert und dann bei hoher Temperatur getrocknet. Oolong-Tee *(wulong)* ist hingegen nur halb fermentiert.

Auch wenn Tee über lange Zeit das wichtigste Exportgut Chinas war, ist die heutige Art des Teegenusses noch gar nicht so lange verbreitet. Im Süden, dort wo er wächst, trinkt man schon seit mehr als 2000 Jahren Tee, doch in den Norden gelangte er erst im 8. Jh. Damals kochte man mit den Blättern auch Ingwer, Minze, Frühlingszwiebeln, Datteln oder Orangenschalen auf. Alternativ konnte man Teeblätter rösten, zu Pulver zerstoßen und mit Salz in kochendes Wasser geben.

Zur Zeit der Song-Dynastie verbreite sich ein Vorläufer jener Teezeremonie, die heute vor allem in Japan praktiziert wird. Das Teepulver in Schalen wurde mit heißem Wasser übergossen und mit einem kleinen Bambusbesen schaumig geschlagen. Zur Zeit der Mongolen änderten sich die Trinkgewohnheiten. Sie gaben Butter in ihren kräftigen Tee. Die anschließende Ming-Dynastie erfand die Teekanne, in der ganze Blätter mit heißem Wasser aufbebrüht wurden. Weil der Tee durch langes Ziehen in der großen Kanne jedoch zu bitter wurde, verkleinerte man die Kannen und goss wiederholt frisches Wasser auf.

Seit dem 19. Jh. wird Tee portionsweise in einer Deckeltasse serviert. Damals experimentierte man auch mit dem Fermentieren und entwickelte so Schwarz- und Oolong-Tee. Feine Grüntees werden in China auch bei sommerlicher Hitze häufig Erfrischungsgetränken vorgezogen.

Karte S. 117

die 5 m hohe Kampferholzfigur des Wächters Weituo hinter dem Dickbauchbuddha in der ersten Halle aus dem 13. Jh. und die steinernen Gedenkpagoden für einen bedeutenden Abt von 960 vor der Haupthalle. Diese heißt auch »Halle des Großen Helden«. Hier dominiert ein 19,6 m hohes Sakyamuni-Arrangement. Auf seiner Rückseite reitet Guanyin, die Göttin der Barmherzigkeit, auf einem Delfin.

DER WEG ZUM FLUSS

Etwa 6 km vom südwestlichen Seeufer liegt das **Dorf Longjing** (Drachenbrunnen), benannt nach einer Quelle am Ortsrand. Vor allem ist Longjing seit Langem berühmt für die Qualität des Tees, der in den umliegenden Hügeln geerntet wird. Unweit des Dorfes können Sie sich im **Nationalen Teemuseum** G über Anbau und Weiterverarbeitung, verschiedene Sorten, die Entwicklung der Teekultur und die Stile von Teegefäßen informieren und besten grünen Tee erstehen. In einem nachgebauten alten Teehaus darf man den Tee auch kosten.

HUAGANG-PARK H

Im Südwesten des Westsees liegt der Huagang-Park, der »Blumenhafen« aus der Song-Dynastie mit Spazierwegen an Steinlandschaften, Goldfischteichen und Pfingstrosengärten vorbei. Die von Zhang Yimou inszenierte Show »Enduring Memories of Hangzhou« findet bei gutem Wetter am Nordufer statt (29 Yanggongdi Lu, Tel. 05 71/87 96 22 22, März–Dez. tgl. 19.45 Uhr).

QUELLE DER LAUFENDEN TIGER I

Gutes Teewasser findet man an der Quelle der Laufenden Tiger *(Hupaoquan)*. Das klare, leicht süßliche Quellwasser eignet sich besonders zum Aufbrühen von Longjing-Tee.

PAGODE DER SECHS HARMONIEN J

Ein lokaler Fürst ließ die Pagode *(Liuheta)* 970 zum Schutz gegen Hochwasser, aber auch als Leuchtturm für die nächtliche Schifffahrt erbauen. 1121 wurde sie im Krieg zerstört und später in reduzierter Höhe mit sieben Stockwerken wieder aufgebaut. Obwohl über die Jahrhunderte weitere Renovierungen nötig waren, blieb der gemauerte Kern aus der Song-Dynastie erhalten, wie Inschriften im Innern bezeugen. Durch Scheinstockwerke wirkt sie von außen wie ein 13-stöckiges Gebäude. Man erklimmt sie über eine Holztreppe und genießt von den Holzbalkonen einen herrlichen Blick auf den Fluss und die Landschaft rund um Hangzhou.

HOTELS

Wanghu Lake View Hotel €€

Das Hotel nahe Westsee und Zentrum ist der ideale Ausgangsort für alle Unternehmungen. Dachterrasse mit Seeblick.

- 2 Huangcheng Xilu | Hangzhou
  Tel. 05 71/87 07 88 88
  www.lakeviewhotelhangzhou.com

Renhe Hotel €

Ideal in der Nähe von Westsee, Restaurants und Einkaufszentren gelegenes Hotel.

- 86 Youdian Lu | Hangzhou
  Tel. 05 71/87 18 36 66
  www.renhehotelhangzhou.com

Ohne Seilbahn geht es entlang steiler Felswände durch das »Gelbe Gebirge«

RESTAURANTS

Kneipen gibt es am Südufer des Westsees.

Green Tea Restaurant €€
Das schön gelegene Restaurant mit gutem Preis-Leistungs-Verhältnis ist wegen seiner Grillgerichte beliebt.
- 83 Longjing Road | Hangzhou
  Tel. 05 71/87 88 80 22

Zhiweiguan €
Chinesische Spezialitäten wie Karpfen in saurer Soße und Bettlerhuhn, das man einen Tag vorher bestellen sollte.
- 83 Renhe Lu | Hangzhou
  Tel. 05 71/7 06 36 55

SHOPPING

Hangzhou ist bekannt für seine kunstvollen Siegelschnitzer. Ein einfaches **Siegel** kann in kurzer Zeit hergestellt werden, z. B. bei **Xileng,** 200 Jiefang Lu oder 31 Gufang Lu. > **mehr S. 19 Punkt** 40 In der **Kunstakademie** bieten Galerien aktuelle und traditionelle Kunst an. **Kaufhäuser** befinden sich in der Yan'an Lu und der Jiefang Lu. Außerordentlich gut besucht ist der **Nachtmarkt** in der Wushan Lu mit einem vielfältigen Angebot an Fächern, Schirmen, Seide, Teekannen etc. (tgl. 18–22 Uhr). Das **Medizinmuseum Huqing Yutang** verkauft traditionelle Medizin im Stil der Qingzeit (95 Dajing Gang, tgl. 8.30–16 Uhr).

AUSFLUG ZUM HUANGSHAN 5 K9

Der Huangshan (1874 m), übersetzt »Gelbes Gebirge«, gehört zu jenen Bergen, die jeder Chinese in seinem Leben mindestens einmal bezwingen sollte. Die von zahllosen Dichtern und Malern verewigte Landschaft, Vorbild der Hallelujahberge im Film »Avatar – Aufbruch nach Pandora«, kennzeichnen zerklüftete karstige Felsen, die häufig in dichten Nebel gehüllt sind. Für die Strapazen des Aufstiegs entschädigen außer den senkrecht aufragenden Felswänden die bizarren Haine mit Krüppelkiefern und Bambus.

Von Hangzhou aus gelangt man per Bus in das 280 km entfernte Dorf Tangkou am Fuß des Bergs, wo es viele Hotels gibt, die aber trotzdem ausgebucht sein können. Es empfiehlt sich also, rechtzeitig zu reservieren. Will man zum Sonnenaufgang auf dem Gipfel sein, so muss man entweder mitten in der Nacht losfahren oder oben in einer einfachen Herberge übernachten. Die meisten Besucher nehmen den 7,5 km (ca. 4 Std.) langen östlichen Aufstieg über Stufen und den 15 km (ca. 6 Std.) langen westlichen Weg hinunter. Für alle, die es bequem lieben, gibt es inzwischen auch eine Seilbahn zur höchsten Spitze, dem Lotosblütengipfel.

SUZHOU 6 M8

Vergleicht man Shanghai mit Paris, so muss für Suzhou (ca. 5 Mio. Einw.) Venedig herhalten, denn die Stadt wird von Flussläufen und Kanälen durchzogen. Vor allem der Kaiserkanal ließ Suzhou zur bedeutenden Handelsstadt heranwachsen. Von ihrem Reichtum zu Zeiten der Ming-Dynastie zeugen prächtige Mauer- und Torbauten und die bis ins Detail geplanten Gärten des südlichen Stils, für die Suzhou bis heute berühmt ist. Gelehrte, Landbesitzer und Kaufleute schufen sich mit den harmonisch angelegten Gärten ihr friedvolles Refugium. Hier konnten sie, während sie zwischen Teichen und Felsen, zwischen Bambus und Weiden herumspazierten und in Pavillons saßen, ganz in Ruhe über den Lauf der Welt nachdenken.

Die Zeit scheint entlang der Kanäle von Suzhou stehen geblieben zu sein

Wenn man heutzutage aus dem Moloch Shanghai nach Suzhou kommt, fällt es schwer zu glauben, dass die Gartenstadt bis ins 19. Jh. sowohl wirtschaftlich als auch politisch bedeutender war. Die Taiping-Rebellen besetzten Suzhou 1860–63 und zerstörten viele der einst 200 Gartenanlagen. Andere verfielen in Kriegen und politischen Wirren des 20. Jhs. Inzwischen sind viele restauriert und öffentlich zugänglich.

TIGERHÜGEL A

Der Hügel erhebt sich etwa 3 km nordwestlich der Stadt. Hier wurde 496 v. Chr. das Grab eines Fürsten des Staates Wu angelegt, das entsprechend einer Legende nach drei Tagen von einem weißen Tiger bewacht wurde. Seitdem heißt das von einem Graben umgebene Gelände Tigerhügel *(Huqiu)*. Die meisten heutigen Gebäude stammen aus dem 19. Jh.

KUNST IM GARTEN

Chinas klassische Gärten beweisen nicht nur große Kunstfertigkeit, sondern auch große Künstlichkeit. Möglichst harmonisch wie beim *yin* und *yang* › S. 44 verbinden sie die Gegensätze von Natur und Architektur, von waagerecht und senkrecht, von Leere und Fülle. Doch nach den daoistischen Prinzipien, denen sich die Gartenbaukünstler verpflichtet fühlten, bilden sie nur scheinbar Gegensätze, sind die Lebewesen des Gartens – Mensch, Tier und Pflanze –Teil eines Systems und einer Welt. Und zu dieser gehören auch die drei Elemente Wasser, Felsen und Pflanzen.

Kein Garten ohne Wasser. Es ist das zentrale, oft dominierende Element und symbolisiert die Weite, die Unendlichkeit des Meeres. In ihm ragen Felsen und Inseln auf, manchmal gemeint als Lebensraum der Unsterblichen im Daoismus. Felsen zieren auch das Ufer des meist künstlichen Sees oder Teiches. Die skurril geformten Steine stehen aufrecht, betonen die (männliche) Senkrechte im Gegensatz zur waagerechten (weiblichen) Oberfläche des Sees. Die beliebtesten Steine stammen aus der Umgebung des Taihu, eines Sees bei Suzhou, und werden zur »Bearbeitung« durch das Wasser bis zu zehn Jahre lang in seinen Fluten versenkt. Auch die Pflanzen werden sorgfältig ausgewählt und positioniert. Obstbäume etwa pflanzt man nicht wegen ihrer Früchte, sondern wegen ihrer frühen Blüte, denn das ganze Jahr über soll der Garten seine wechselnden Reize offenbaren.

Hinzu kommen die Gebäude. Sie dienen dem Menschen, damit er auf überdachten Wandelgängen bei jedem Wetter den Garten durchschreiten, auf Brücken Wasserläufe überwinden und in Pavillons ausruhen kann. Aber die Gebäude wirken auch als Rahmen, die die Blicke des Betrachters lenken sollen. Mauern grenzen einzelne Arrangements gegeneinander ab. Ihre Tore – oft in Form des runden Mondes, einer Vase oder einer Frucht – eröffnen die Sicht auf das nächste Bild, genau wie die Säulen und Dächer der Pavillons.

GRATIS ENTDECKEN

- Bei einem Streifzug durch die **Hutongs in Peking** nahe Glocken- und Trommelturm, überraschen die Hofhäuser und Gassen der alten Wohnviertel als Orte der Stille inmitten der Großstadthektik. > S. 69
- Die Gassen im **Künstlerviertel Tianzifang** in Shanghai, einen Kilometer südlich vom Sun-Yat-sen-Museum, bergen zahlreiche Galerien, Kunstläden und Cafés – perfekt für eine kleine Entdeckungstour. > S. 113
- Jeden Montag, Mittwoch und Freitag gibt es im Auftrag des Tourismusbüros vor dem Hong Kong Museum of Art Gratisunterricht in **Taiji.** > S. 156
- Mit bunten Lichtern, Lasern und Farbenstrahlen entsteht in Hongkong jeden Abend **A Symphony of Lights** – die größte Licht- und Ton-Show der Welt. > S. 159
- Die **Insel Shamian** mit ihrer Kolonialarchitektur lädt als versteckte Oase in der Stadt Kanton zum Spaziergang ein. > S. 165

Ausnahmen sind eine interessante Pagode auf dem Gipfel und das **Zweite Bergtor** *(Ershanmen)* im Süden der Anlage hinter dem Kanal. Es stammt ursprünglich aus der Tangzeit und wurde während der Yuan-Dynastie erneuert. Bemerkenswert sind die aus zwei Teilen bestehenden Stützbalken.

Folgen Sie dann dem Weg den Hügel hinauf, vorbei an netten, kleinen Pavillons, bei denen man dann und wann gern eine Pause einlegt.

Der **Schwertteich** *(Jianchi)* außerhalb der oberen Tempelanlage geht zurück auf eine Legende, nach der der Wu-Fürst mit 3000 Schwertern begraben worden sein soll, die ein späterer König wieder ausbuddeln wollte. Doch das Loch lief jedes Mal wieder voll mit Wasser, sodass dann dieser Teich entstand. Auf dem Weg zum Schwertteich passiert man auch einen Stein, den der Fürst daraufhin mit seinem Schwert gespalten haben soll.

Die **Pagode des Wolkenfelsen-Tempels** *(Yunyansita)* auf der Spitze des Hügels ist eine der ältesten original erhaltenen Pagoden. Nach einem in ihr gefundenen Schriftstück wurde sie am 7. Tag des 12. Monats des zweiten Regierungsjahres Jianlong (961) fertiggestellt. Sie ist eine 47,5 m hohe, achtkantige und siebenstöckige Ziegelpagode mit zahlreichen Steinverzierungen außen.

Heute neigt sich die Pagode extrem stark zur Seite. Deswegn darf sie trotz Betonverstärkungen des Fundaments nur aus sicherer Entfernung betrachtet werden.

IM WESTEN DER STADT

Zwei der bekanntesten Gärten liegen im Westen der Stadt. Diese gehörten bis zum Jahr 1800 zu einer Anlage, die ein hoher Beamter Ende des 16. Jhs. gestaltet hatte.

GARTEN DES VERWEILENS B 8

Der Garten des Verweilens *(Liuyuan)* gehört zu den vier Gartenanlagen, die als nationale Kulturgüter Chinas betrachtet werden. Der 3 ha umfassende Park ist ein gutes Beispiel für die ziselierte Kunst der Qing-Dynastie. Über den großen Teich führen zierliche Brücken, Wandelgänge bieten Schatten und Terassen gewähren Zugang ans Wasser. Die Pavillons sind wie die Möbel darin üppig mit Schnitzwerk dekoriert. Jedes Detail fordert den Besucher auf: zum Anschauen, Begehen, Bewohnen – oder Verweilen.

Nicht versäumen darf man den Hof im Nordosten der Gartenanlage, denn hier steht der Taihu-Stein »Der wolkenhohe Fels«. Der Name ist mehr symbolisch gemeint, aber 6,5 m Höhe erreicht er schon – und immerhin 5 t Gewicht.

WESTGARTEN C

Nicht sehr weit entfernt dehnt sich der Westgarten *(Xiyuan)* aus, den der Sohn eines Ming-Beamten Anfang des 17. Jhs. zu einem buddhistischen Tempel umbauen ließ. Die Tempelhallen bieten keine Besonderheiten, doch die Halle der Luo-

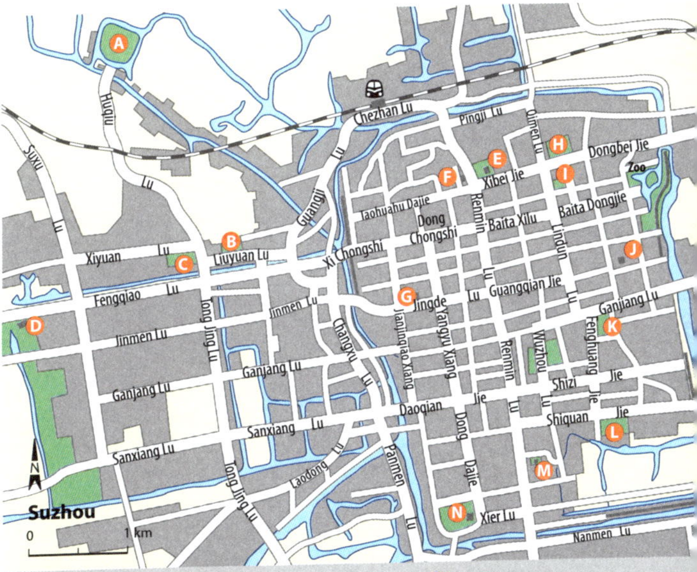

- A Tigerhügel
- B Garten des Verweilens
- C Westgarten
- D Kloster des Kalten Berges
- E Pagode des Nordtempels
- F Seidenmuseum
- G Seidenstickerei
- H Garten des Bescheidenen Beamten
- I Löwenwald
- J Tempel des Geheimnisses
- K Doppelpagode
- L Garten des Meisters der Netze
- M Pavillon der Azurblauen Wellen
- N Pagode des Verheißungsvollen Lichts

Pagode des Nordtempels

han zeigt 500 vergoldete Tonfiguren der buddhistischen Schüler.

KLOSTER DES KALTEN BERGES D

Das aus dem 6. Jh. stammende Kloster *(Hanshansi)* liegt einige Kilometer weiter stadtauswärts. Benannt wurde es nach dem Mönch Han Shan, der die komplexe buddhistische Lehre in einfache Verse kleidete. Auch diese Anlage musste nach ihrer Zerstörung während der Taiping-Rebellion neu aufgebaut werden. Sie birgt zahlreiche mit Porträts und Inschriften versehene Stelen sowie eine nach tangzeitlichem Vorbild gegossene Glocke. Japanische Mönche stifteten sie im Jahr 1905, nachdem die Vorgängerglocke von Japanern geraubt worden war.

IN DEN NORDEN

Vom Westen begibt man sich nun in den Norden der eigentlichen, früher ummauerten Stadt.

PAGODE DES NORDTEMPELS E

Schon um 450 soll hier eine Pagode gestanden haben; die jetzige, 76 m hohe Pagode *(Beisita)* wurde jedoch zwischen 1131 und 1162 erbaut. Mit ihren ausladenden, an den Enden weit nach oben gezogenen hölzernen Zwischendächern, den umlaufenden Balkonen und der sich leicht verjüngenden Form entspricht sie dem typischen Stil der Südlichen Song-Dynastie. Von oben hat man einen schönen Blick auf das umliegende, inzwischen als Freizeitpark und für Blumenausstellungen genutzte Gelände sowie das imposante Eingangstor aus der Mingzeit.

EDLE SEIDE

Auf der gegenüberliegenden Straßenseite der Renmin Lu liegt das **Seidenmuseum** F, in dem der Herstellungsprozess und die verschiedenen Arten der Verarbeitung im Lauf der Geschichte erklärt werden. (Di–So 9–17 Uhr).

Etwas zurückgesetzt in der Jingde Lu befindet sich das **Forschungsinstitut der Suzhouer Seidenstickerei** G. In monatelanger Detailarbeit entstehen dort doppelseitige Stickereien mit verschiedenen Motiven auf der Vorder- bzw. Rückseite. Wie dies im Einzelnen geschieht, ist bis heute ein gut gehütetes Geheimnis. In dem angeschlossenen Geschäft werden außerdem hochwertige Seidenprodukte verkauft.

GARTEN DES BESCHEIDENEN BEAMTEN H ★

Weiter östlich die Xibei Jie entlang erreichen Sie den zweiten der zum nationalen Kulturerbe gehörenden Gärten. Er wurde im 16. Jh. von einem ehemaligen Stadtverwalter angelegt – daher der Name. Mit 4 ha Fläche, von der mehr als die Hälfte mit Wasser bedeckt ist, ist der Garten heute der größte der Stadt.

Die Pavillons sind fast alle direkt am Wasser oder sogar darüber gebaut, sodass sie auf den Teichen zu schweben scheinen. Dazwischen verlaufen Brücken und Wandelgänge mit Fenstern, die wie Bilderrahmen den eigenen Blick auf die kunstvoll arrangierte Landschaft leiten.

LÖWENWALD I

Ebenfalls in der Xibei Jie liegt der Löwenwald *(Shizilin)*, ein weiterer Garten, den ein Mönch im 14. Jh. zu Ehren seines Lehrers anlegen ließ. Hier wurden bizarre Steine aus dem westlich von Suzhou gelegenen Tai-See *(Taihu)* gesammelt, die alle Löwen ähneln.

IM ZENTRUM VON SUZHOU

TEMPEL DES GEHEIMNISSES J

Im dem 276 errichteten daoistischen Tempel *(Xuanmiaoguan)* werden die Drei Reinen verehrt: der Jadekaiser als oberste Gottheit, Dao Qun, der das Zusammenspiel von *yin* und *yang* kontrolliert, und Laozi, der irdische Eremit und Begründer des Daoismus. Die Haupthalle zeichnet ein beeindruckendes, tief nach unten gezogenes doppeltes Fußwalmdach aus, das außen auf 30 Steinsäulen und innen auf 40 Holzsäulen ruht. Außerordentlich bewundernswert sich auch die feinen Schnitzereien und Verzierungen.

DOPPELPAGODE K

Einige Straßen weiter in südlicher Richtung ragt die Doppelpagode *(Shuangta)* über 30 m in die Höhe. Die beiden achteckigen und siebenstöckigen Ziegeltürme aus dem Jahr 982 sind fast identisch und tragen außergewöhnlich hohe Eisenspitzen. Die Dekoration und die hochgezogenen Dächer verraten den südlichen Stil.

Aber auch im Innern sind die Pagoden besonders interessant, da die Räume quadratisch sind, doch in jedem Stockwerk jeweils um 45 Grad gedreht, sodass sie sich wiederum in das äußere Achteck fügen und zu der versetzten Anordnung der Fenster führen.

GARTEN DES MEISTERS DER NETZE L ★

Der kleinste Garten *(Wangshiyuan)* der Stadt gehörte nicht etwa einem Fischer, sondern einem Beamten, der diesen zu seinem 1140 erbauten Wohnhaus anlegen ließ, um darinden Disput mit gebildeten Zeitgenossen zu pflegen. Welche optischen Effekte im 12. Jh. angewandt wurden, lässt sich nicht mehr nachvollziehen, denn die Anlage wurde 1770 vollständig umgebaut. Doch die Gebäude, Höfe, Korridore und ein Weiher sind auf dem beengten Areal sorgfältig und abwechslungsreich komponiert, sodass sie Besucher zum Lustwandeln einladen und mit überaschenden Durchblicken bezaubern. Besondere Aufmerksamkeit verdienen die Türstürze mit ihren detailreichen Steinmetzarbeiten, die so fein wie Holzschnitzereien wirken.

PAVILLON DER AZURBLAUEN WELLEN Ⓜ

Nach dem auf einem kleinen Hügel gelegenen Pavillon der Azurblauen Wellen *(Canglangting)* wurde der älteste Garten der Stadt benannt, den der Dichter Su Shenqing 1041 erwarb und ausbaute. Dabei wurde der das Grundstück begrenzende Kanal einbezogen. Ein langer Wandelgang verbindet die einzelnen Pavillons und Hallen in diesem mehr naturbelassenen Garten.

PAGODE DES VERHEISSUNGSVOLLEN LICHTS Ⓝ

In der südwestlichen Ecke der Stadt ragt eine weitere Pagode an der Stelle auf, an der im Jahr 247 die erste Tempelpagode Suzhous entstanden war. Bei einem Neubau im Jahr 937 sollen fünf farbige Lichtstrahlen über der Pagode zu sehen gewesen sein, sodass der Kaiser eine Bronzetafel mit der Inschrift »Pagode des Verheißungsvollen Lichtes« *(Ruiguangta)* stiftete.

Seine jetzige Form – sieben Stockwerke, sechs Kanten, ausschwingende Holzdächer und -balkone – erhielt der Turm bei einem weiteren Neubau zwischen 1119 und 1125. Seitdem erreicht seine Spitze eine Höhe von 43,2 m. Auch später waren umfassende Renovierungen nötig, bei denen 1978 in einem Geheimfach im dritten Stock wertvolle Statuen und buddhistische Schriften gefunden wurden, die sich heute im Museum von Suzhou befinden. Unweit der Pagode verlief früher die Stadtmauer mit ihrem Graben, sodass man von oben einen schönen Blick auf das nahe gelegene **Stadttor Panmen** genießen kann. Suzhous einziges noch erhaltenes Stadttor stammt aus dem Jahr 516 v. Chr.

SEIDE

Im 3. Jh. v. Chr. wurde in China bereits Seide produziert. Über die Seidenstraße gelangte die Technik bis nach Europa. Mit Maulbeerbaumblättern werden die Seidenraupen zunächst gefüttert, bis sie sich in weiße Kokons einspinnen. Danach werden die Puppen mit Wasserdampf abgetötet, die Kokons in heißes Wasser gelegt und maschinell gebürstet, bis sich die Fäden entwirren.

Je nach gewünschter Fadenstärke werden drei bis acht Kokons zusammengehaspelt. Von den etwa 3000 m Faden eines Kokons können 300–800 m für Seide guter Qualität verwendet werden. Die entstandenen Rohseidefäden sind mattgelb und hart, besitzen kaum Glanz. Veredelte Seide entsteht erst durch wiederholtes Kochen in einer Seifenlösung, bei dem sich der Seidenleim herauslöst. Dann gehen die Fäden zum Färben oder zum Weben.

Der Garten des Pavillons der Azurblauen Wellen spiegelt das Universum auf kleinem Areal

HOTELS

Pan Pacific Suzhou €€€

Das in traditionellem Stil erbaute Hotel liegt mitten in einer Gartenanlage.

- 259 Xinshi Lu | Suzhou
  Tel. 05 12/65 10 33 88
  www.panpacific.com

Garden Hotel €€

Ein herrlicher Park umgibt diese Hotel.

- 99 Dai Cheng Qiao Road | Suzhou
  Tel. 05 12/67 78 67 78
  www.gardenhotelsuzhou.com

RESTAURANTS

Songhelou Caiguan €€

Große Auswahl an Fischspezialitäten.

- 141 Guanqian Lu | Suzhou
  Tel. 05 12/65 23 32 70

Wangsi €€

Typische Spezialitäten aus Suzhou und Umgebung. > **mehr S. 14 Punkt 12**

- 23 Taijian Nong | Suzhou
  Tel. 05 12/65 22 72 77

SHOPPING

Forschungsinstitut der Suzhouer Seidenstickerei

Hier werden Seidenstickereien und -waren in bester Qualität verkauft.

- 272 Jingde Lu | Suzhou
  Tel. 05 12/65 22 24 15

YANGZI – STROM DER MITTE

Mit ca. 6400 km Länge ist der Yangzi der längste Fluss Asiens. Er entspringt im Hochland Tibets, stürzt dann durch tiefe Schluchten in die Ebene Sichuans und mündet nördlich von Shanghai ins Ostchinesische Meer. Über Jahrhunderte bildete der Strom die Grenze des chinesischen Einflussbereichs nach Süden. In vielen Diskussionen gilt er heute als natürliche Bruchstelle, sollte das riesige Land mal auseinanderfallen.

Die Mittagssonne steht hoch über dem Flusstal des Yangzi

Der Yangzi fließt zwischen Chongqing und Wuhan durch diverse Schluchten, die jedoch nach dem Bau des Drei-Schluchten-Staudamms und infolge dessen erhöhten Wasserspiegel von ihrer wildromantischen Schönheit einiges eingebüßt haben.

CHONGQING 7 D/E10

Die sich über mehrere Flusstäler und Hügel hinziehende Stadt gilt zusammen mit dem Umland als die größte der Welt (32 Mio. Einw.). Im Stadtkern wohnen weniger Menschen (10 Mio. Einw.). Chongqing ist von Industrie geprägt und verfügt über ein feuchtheißes, abgasgeschwängertes Klima.

Wenn die Sicht einigermaßen klar ist, lohnt der Besuch des **Parks am Mispelberg** *(Pipashan)* mit gutem Blick auf Stadt und Flüsse. Von Interesse ist auch das dem Pekinger Himmelstempel nachempfundene **Renmin Dasha** (Haus des Volkes) im Zentrum. Über die Yangzi-Schluchten informiert die **Chongqing-Planungsstelle** (Chaotianmen, Di–So 9.30–17.30 Uhr).

Lokale Geschichte und Kunst sowie buddhistische Skulpturen wer-

den im **Drei-Schluchten-Museum** *(Sanxia Bowuguan)* an der Renmin Lu gegenüber dem Volksplatz ausgestellt. Zudem erhält man hier ausführliche Informationen zu den Drei Schluchten. Leider fehlen zum Teil englische Beschriftungen (tgl. 8.30–17 Uhr).

HOTEL

Harbour Plaza €€

Das komfortable Hotel in zentraler Lage ist ein guter Ausgangspunkt für alle Unternehmungen.

- Wuyi Lu | Yuzhong District Chongqing | Tel. 023/63 70 08 88 www.chongqingharbourplaza.com

INFO

Eine ganze Flotte komfortabler Passagierschiffe fährt in drei bis fünf Tagen flussabwärts von Chongqing nach Yichang oder bis nach Wuhan und umgekehrt. Bei den längeren Reisen sind Aufenthalte in den Flussstädten, Ausflüge in die Seitentäler oder eine Weiterfahrt bis nach Shanghai möglich. Auskünfte zu **Kreuzfahrten** auf dem Yangzi erteilen Reisebüros oder **Victoria Cruises,** www.victoriacruises.com. Von März bis November bietet die chinesisch-amerikanische Gesellschaft mehrtägige Fahrten auf Schiffen mit unterschiedlichem Standard an, etwa auf dem MS Victoria Jenna (€€€).

AUF DEM YANGZI

Die Kreuzfahrtschiffe legen in Chongqing rechtzeitig ab, sodass sie bei Tageslicht den ca. 400 km entfernten **Kuimen-Pass** 8 F9 erreichen, die Einfahrt zur Qutang-Schlucht.

DIE DREI SCHLUCHTEN

Die **Qutang-Schlucht** 9 F9 ist mit 8 km die kürzeste, aber faszinierendste der Drei Schluchten. Sie trägt auch den Namen »Eisenschloss«, weil hier früher Ketten über den Yangzi gespannt wurden, um zu verhindern, dass feindliche Schiffe in die fruchtbare Ebene von Sichuan gelangten. Damals war der Fluss die einzige Verkehrsverbindung zwischen der Küste und dem Südwesten Chinas.

Am Wu-Berg mündet der Fluss Daning in den Yangzi. Auf seiner 300 km langen Reise zwängt er sich durch drei Engpässe, die »Drei Kleinen Schluchten«, zu denen ein Ausflug möglich ist. Wenn Sie durch die 44 km lange **Wu-Schlucht** 10 F9 gleiten, werden Sie viele Geschichten über die zwölf Gipfel hören, die sich imposant an beiden Ufern erheben. Am Ausgang der Schlucht, bei Badong, wird der Yangzi vom Shennong gespeist.

TOUR AUF DEM YANGZI

TOUR 7

VON SHANGHAI ZUM YANGZI

Shanghai › Zhujiajiao › Zhouzhuang › Suzhou › Hangzhou › Huangshan › Chongqing › Yangzi-Schluchten › Yichang › Wuhan (Tourenbeschreibung und Karte › S. 104)

Karte S. 130

Mit 75 km ist die **Xiling-Schlucht** 11 G9 die längste. Sie beginnt an der Mündung des Xiangxi. Einige Kilometer den »Duftenden Fluss« aufwärts liegt **Xiangluping** 12 G9, Geburtsort des Dichters Qu Yuan (ca. 340–278 v. Chr.), der sich im Fluss ertränkte. Auf seinen Selbstmord gehen die Drachenbootrennen zurück. Es heißt, das Flussanwohner noch versucht hätten, den Dichter mit ihren Booten zu retten.

DREI-SCHLUCHTEN-DAMM

In flacherem Terrain liegt die Stadt **Sandouping** 13 G9. Hier ragt der Drei-Schluchten-Damm 185 m empor. Für das umstrittene Bauwerk, das vor allem der Energiegewinnung dient, wurden bereits mehr als 1,4 Mio. Menschen umgesiedelt; bis zum Jahr 2020 rechnet man mit weiteren Zwangsumsiedlungen, da das aufgeweichte Erdreich immer wieder abrutscht. Nach Fertigstellung des Staudamms 2009 stieg der Wasserspiegel um durchschnittlich 70 m an. Der einst wilde Strom gleicht jetzt teilweise einem ruhigen See mit leider auch verschmutztem Wasser. Was überflutet wurde, wurde gesprengt und abgetragen, damit es den Schiffsverkehr nicht stört.

Auf den Staudamm folgt die Schlucht des Gelben Ochsen, den im **Huangling-Tempel** 14 G9 ein Denkmal ehrt, weil er dem mythischen Yu bei der Bändigung der Yangzi-Fluten half.

Der Nanjin-Pass ist die Ausfahrt aus den Schluchten. Er liegt aber in einem Stausee, den der Gezhou-Damm 1989 schuf. Die Kreuzfahrten enden in der uninteressanten Großstadt **Yichang** 15 G9 oder – mittlerweile recht selten – in **Wuhan.**

WUHAN 16 H9

Wuhan ist eine bedeutende Industriestadt in Mittelchina und spielt wegen der zentralen Lage an beiden Ufern des Yangzi und der beiden Brücken über den hier fast 1 km breiten Fluss auch im Transportgewerbe eine wichtige Rolle.

Schönster Ort der Stadt ist der **Schlangenberg** *(Sheshan)*, auf dem sich der **Turm des Gelben Kranichs** *(Huanghelou)* erhebt. Pavillons und Steine mit eingeritzten Kalligrafien zieren den umliegenden Park. Er bietet einen schönen Blick auf die Yangzi-Brücke, den Ostsee und die **Weiße Dagoba** aus dem 14. Jh.

Der 33 km² große **Ostsee** *(Donghu)* liegt in einer Parklandschaft, die im Sommer etwas Kühle spendet. Nicht weit entfernt stellt das **Museum der Provinz Hubei** die Grabbeigaben des 433 v. Chr. gestorbenen Fürsten Yi des Staates Zeng aus. Bedeutendster Fund ist das große Glockenspiel mit 65 Glocken von bis zu 1,53 m Höhe (www.hbww.org, Di –So 9–17 Uhr.

Im Stadtteil Hanyang lohnt der **Guiyang-Tempel** mit 500 Luohan einen Besuch.

HOTEL

Holiday Inn Riverside €€

Haus mit wunderbarem Yangzi-Blick, vier Restaurants und Fitnesszentrum.

- 88 Ximachang Jie | Hanyang | Wuhan
  Tel. 027/84 71 66 88
  www.holidayinn.com

DER SÜDWESTEN

Der Li-Fluss schängelt sich 437 km durch die karstige Gebirgslandschaft nahe Guilin in der Region Guangxi

Die Landschaften, die den Südwesten Chinas prägen, hinterlassen bei den Reisenden unvergessliche Eindrücke: Steile Karstkegel säumen den Li-Fluss, und die bizarren Felsformationen des Steinwalds bei Kunming regen die Fantasie an.

Die bizarren Karstkegel um **Guilin** werden seit Jahrhunderten von Dichtern besungen und von Malern auf Reispapier getuscht. Nebelumwaberte Berge, am Ufer des Li grasende Wasserbüffel, Fischer auf schmalen Bambusflößen, die ihre Kormorane zur Jagd ausschicken – faszinieren bis heute.

Das autonome Gebiet Guangxi gehört nicht zum chinesischen Kernland, obgleich es schon vor 2000 Jahren erste kriegerische Vorstöße der Han-Chinesen nach Süden gab. In der Region lebt vor allem das Volk der Zhuang, die größte der offiziell anerkannten »Minderheiten«, zu der in ganz China etwa 17 Mio. Menschen zählen, von denen etwa 15 Mio. in Guangxi leben.

In der Republikzeit war Guilin Hauptstadt der Provinz Guangxi, doch nach Gründung der Volksrepublik wurde das weiter südlich gelegene Nanning Hauptstadt. Die Stadt »Zimtbaumwald«, wie Guilin wörtlich übersetzt heißt, dämmerte ein wenig verschlafen vor sich hin. Inzwischen setzt sie auf den Tourismus, und da viele Chinesen aus den wirtschaftlich starken Regionen nur noch fünf Tage in der Woche arbeiten und zwei Wochen Urlaub bekommen, steigt die Zahl der Besucher. So ziehen die Schiffe jeden Tag wie eine Karawane den Li-Fluss entlang, und durch die Schilfrohrflötenhöhle drängen sich Reisegruppen. Doch genügt es, mit dem Rad in die Umgebung zu fliehen, um die außergewöhnliche Landschaft, nur von ein paar Bauern und Büffeln begleitet, zu genießen.

Während Guilin am Rand der Tropen liegt, erstreckt sich die Provinz Yunnan größtenteils über eine Hochebene von rund 2000 m mit einzelnen Bergzügen von 4000 bis 5000 m. Die von Peking über 3000 km entfernte Region an der Grenze zu Birma, Laos und Vietnam wurde von der mongolischen Yuan-Dynastie gewaltsam ins Reich eingegliedert. Allerdings konnten erst Ende des 17. Jhs., als bereits die mandschurische Qing-Dynastie in Peking herrschte, lokale Machthaber beseitigt oder zur Räson gebracht werden.

Bis heute lebt eine Vielfalt von Völkern in Yunnan, offiziell zählt man 25. Tatsächlich sind die Zahlen aber geschrumpft, sodass in der Hauptstadt **Kunming** heute wie im Landesdurchschnitt mehr als 90 % Han-Chinesen wohnen, auf dem Land vielleicht etwas weniger. Die Minderheiten werden kritisch beobachtet und dürfen erst seit ein paar Jahren wieder ihre traditionellen Feste feiern. Oft ist die Tradition verloren gegangen, und zu den gern vor Touristen auftretenden Tanzgruppen gehören viele Chinesen.

TOUREN IN DER REGION

TOUR 8

BOOTSFAHRT AUF DEM LI

ROUTE: Guilin > Li-Fluss > Yangshuo > Guilin

KARTE: Seite 150
DAUER: Ein bis zwei Tage, davon ein Tag für die Schifffahrt; eventuell Übernachtung in Yangshuo.
VERKEHRSMITTEL: 1. Tag: Mit Bus oder Taxi zu den Schiffanlegestellen bei Guilin, Bootsfahrt auf dem Li.
2. Tag: Mit dem Fahrrad Ausflüge in die Umgebung von Yangshuo, mit dem Rad (ca. 70 km) oder Bus zurück nach Guilin.

TOUR-START:

Die Attraktion **Guilins** 1 > S. 137 ist die Landschaft: Berge und Höhlen im weichen Kalkstein, der Fluss und seine idyllischen Ufer. Busse und Taxis bringen die Besucher morgens zu den Schiffen, die je nach Wasserstand 20 bis 40 km südlich von Guilin festmachen. Mittagessen wird auf den Schiffen serviert.

Eine Bootsfahrt auf dem Li-Fluss > S. 139 lässt sich einfach mit einer Radtour kombinieren, indem man das Rad mit aufs Schiff nimmt und am nächsten Tag von **Yangshuo** 2 > S. 139, dem Ziel der Schiffe, zurückradelt. Oder man mietet in Yangshuo ein Rad und unternimmt in der Umgebung der Kleinstadt einen oder mehrere Ausflüge. In Yangshuo gibt es viele einfache Herbergen, sodass man auch eine Übernachtung einplanen kann, um erst am folgenden Tag mit dem Bus nach Guilin zurückzukehren.

TOUR 9

YUNNAN IN EINER WOCHE

ROUTE: Kunming > Dian-See > Westberge > Steinwald > Dali > Lijiang > Tigersprungschlucht > Kunming

KARTE: Seite 136
DAUER: Sieben bis acht Tage.
VERKEHRSMITTEL: 1. Tag: Mit Taxi, Bus, Rad oder zu Fuß in Kunming.
2. Tag: Taxi zum Dian-See, dann Wanderung (mind. ein halber Tag), Minibus oder Sessellift ab Haigeng.
3. Tag: Per Minibus (Abfahrt ab Busbahnhof alle 30 Min., Fahrtzeit ca. 2 Std.) oder Mietwagen mit Fahrer zum Steinwald, Wanderung (mind. 1 Std.). 4./5. Tag: Flug nach Dali (ca. 1 Std.) oder Bus (ca. 6 Std.); Radtour bei Dali. 6. Tag: Bus nach Lijiang (ca. 3 Std.), dort zu Fuß. 7./8. Tag: Bus zur Tigersprungschlucht, dort Wanderung. Mit dem Flugzeug von Lijiang zurück nach Kunming.

TOUR-START:

Für die Besichtigung der Sehenswürdigkeiten in **Kunming** 3 › S. 139 muss man einen Tag einplanen, einen weiteren für **Dian-See und Westberge** 4 › S. 142, wenn man im Erholungsgebiet wandern und die herrliche Aussicht über den See genießen möchte.

Die Fahrt zum **Steinwald** 8 › S. 143 nimmt den gesamten dritten Tag in Anspruch. Die Straße ist inzwischen gut befahrbar, sodass man die 120 km in zwei Stunden mit einem der Ausflugbusse oder per Mietwagen bewältigen kann. Mindestens eine gute Stunde sollte man sich Zeit nehmen für eine Wande-

TOUREN IM SÜDWESTEN

TOUR 8

BOOTSFAHRT AUF DEM LI

Guilin › Yangshuo
(Karte › S. 150)

TOUR 9

YUNNAN IN EINER WOCHE

Kunming › Dian-See › Westberge › Steinwald › Dali › Lijiang › Tigersprungschlucht › Kunming

rung durch die Felslandschaft, aber hier lassen sich auch mehrere Stunden verbringen.

Am vierten Tag geht es von Kunming nach **Dali** 9 > S. 144 – mit dem Flugzeug in einer Stunde oder mit dem Bus in sechs Stunden. Besonders die von Bergen und Dörfern geprägte Landschaft sowie die einem bäuerlichen Tagesablauf folgenden Menschen machen den Charme dieser Region aus.

Am sechsten Tag nimmt man dann den Bus in das höher gelegene **Lijiang** 10 > S. 145 mit einer wunderbaren Altstadt. Zwei Tage sollte man für die Erkundung der **Tigersprungschlucht** 11 > S. 146 (1–3-tägige Wanderungen) sowie der umliegenden Dörfer einplanen.

UNTERWEGS IM SÜDWESTEN

GUILIN 1 G13

Nahezu wellenlos treibt der Fluss dahin, grünweiß streben Bergkegel in den blauen Himmel. Gigantische Bambusrohre ragen am Ufer auf, Fischer sägen sie ab und binden sie zu Flößen. Mit mächtigen Hörnern bewehrte Wasserbüffel schlürfen mit ihren langen Zungen das Wasser. Ein Traum geht in Erfüllung, wenn man stundenlang auf dem Li-Fluss durch die Landschaft aus steilen Karstkegeln gleitet. Neben der Flussfahrt gehören der Besuch einer Tropfsteinhöhle und das Besteigen eines Karstkegels zum touristischen Pflichtprogramm.

Entstanden ist diese atemberaubende Landschaft durch Erosion von abgelagertem Muschelkalk. Vor 300 Millionen Jahren erstreckte sich hier ein weites Meer, dessen Boden nach dem Abfluss des Wassers den neuen Elementen ausgesetzt war und einzelne Hügel, unterirdische Flüsse und Höhlen freigab. Fast jeder Karstkegel birgt Höhlen, in denen immer noch Stalaktiten und Stalagmiten wachsen. Seit Jahrhunderten werden chinesische Künstler von der Umgebung Guilins inspiriert. Das Zentrum der Millionenstadt wurde in den letzten Jahren teilweise in eine Fußgängerzone verwandelt und vor allem am Wochenende herrscht hier reger Betrieb, wenn die zahlreichen Straßenkünstler um die Gunst des Publikums konkurrieren.

IN GUILIN

Über die Hauptstraße, die Zhongshan Lu, oder die Uferstraße Bingjiang Lu erreicht man im Norden der Stadt den **Wellenbrecher-Berg** *(Fuboshan)*, der seinen Namen erhielt, weil er weit in den Fluss hineinragt. In die Felswände einer Höhle wurden zur Zeit der Song-Dynastie zahlreiche Buddhastatuen eingemeißelt. Eine weitere Galerie von etwa 300 buddhistischen Figuren kann man auf der Ostseite des Berges im »Felsen der Tausend Buddhas« bewundern. Die Anstrengung des Aufstiegs wird außerdem durch einen herrlichen Rundblick belohnt.

Mitten in der Stadt ragt der **Berg der Einsamen Schönheit** *(Duxiufeng)* empor. Etwa 300 Stufen führen auf den 150 m hohen Gipfel. Von oben überblickt man auch die direkt südlich gelegenen Überreste einer königlichen Residenz aus der Ming-Dynastie.

Im Süden der Stadt ist der **Elefantenrüsselberg** *(Xiangbishan)* ein auch bei den Stadtbewohnern beliebtes Ausflugsziel. Er sieht aus, als tauche ein Elefant seinen mächtigen Rüssel in den Li-Fluss. Der Legende nach stieg einst ein Elefant vom Himmel auf die Erde und kam nicht rechtzeitig zurück. Das erzürnte den Himmelskaiser so, dass er dem Tier nachstieg und es erstach, während es am Fluss Wasser trank. Der Koloss versteinerte daraufhin.

GUILINS UMGEBUNG

SCHILFROHRFLÖTENHÖHLE

Etwa 7 km nordwestlich der Stadt liegt die Schilfrohrflötenhöhle *(Ludiyan)*. In Gruppen werden Besucher durch die gut 200 m tiefe Tropfsteinhöhle geleitet, die effektvoll und bunt ausgeleuchtet ist.

LONGJI

In den Sommermonaten lohnt ein Ausflug zu den etwa 120 km von Guilin entfernten Reisterrassen von Longsheng. Besonders spektakulär sind jene in der Nähe des Dorfes Longji. Die vor Hunderten von Jahren erstmals angelegten Reisterrassenfelder winden sich bis zu einer Höhe von 800 m spiralförmig um die Hügel, die dadurch wie Schneckenhäuser oder Pagoden aussehen.

> mehr S. 16 Punkt 23

HOTELS

Sheraton €€€

Elegantes Hotel direkt am Li-Fluss. Restaurants mit chinesischer und internationaler Küche, Bar und Coffee Shop.

- 15 Binjiang Nanlu | Guilin
  Tel. 07 73/282 55 88
  www.sheraton.marriott.com

Bravo €€

Gut geführtes Haus am Ronghu-See unweit vom Zentrum, mit Schwimmbad und Fahrradverleih. Die Zimmer mit Seeblick sind allerdings etwas teurer. Beliebt bei Reisegruppen.

- 14 Ronghu Lu | Guilin
  Tel. 07 73/289 88 88
  www.guilinbravohotel.com

RESTAURANTS

Eine Vielzahl von **Garküchen** bietet lokale Spezialitäten an.

McFound €€

Trotz des Namens bietet das Restaurant eine große Auswahl einheimischer Speisen, aber mit westlichen Einflüssen. Englische Speisekarte.

- 15 Quixing Lu | Guilin
  Tel. 07 73/582 19 20

SHOPPING

Auf den **Nachtmärkten** oder an **Verkaufsständen** in der Nähe von Sehenswürdigkeiten gibt es Souvenirs, Seidenschals, Schmuck, Tischdecken etc. – und viele Imitationen. Also passen Sie auf, damit Sie bei der Einreise in Ihr Heimatland unbeschadet durch die Zollkontrolle kommen.

AUF DEM LI-FLUSS G13

Fantasie ist während einer vier- bis sechsstündigen Bootsfahrt auf dem Li gefragt: Drachen, Helme und in Spiegel blickende Schönheiten werden bemüht, um all die skurrilen Felsformationen an den Flussufern in Worte zu fassen.

Jeden Morgen legt in Zhujiang, etwa 20 km südlich von Guilin (bei Niedrigwasser in Yangdi, etwa 40 km südlich), eine ganze Flotte flacher Schiffe ab, um anschließend gemächlich den Fluss hinabzugleiten. Das Mittagessen wird an Bord eingenommen. Ihr Ziel ist die Kleinstadt Yangshuo. Meist ist die Busrückfahrt im Preis inbegriffen.

Man kann allerdings auch – nach vorheriger Absprache – ein Fahrrad auf dem Boot nach Yangshuo mitnehmen und damit durch die idyllische Landschaft zurück nach Guilin radeln. Manche Reisende bleiben in Yangshuo, um sich dort ein Fahrrad zu mieten und mehr Zeit zu haben für die Erkundung der noch von traditionellem Nassreisanbau geprägten Landschaft.

YANGSHUO 2 G13

Der ganze Ort scheint aus Herbergen, Restaurants und Souvenirbuden zu bestehen und bietet alles, was besonders Rucksackreisende so brauchen. Radverleiher und Veranstalter von Bootstouren bieten ihre Dienste an. Dennoch geht es meist gelassen zu, und die traditionellen Häuser verleihen Yangshuo einen ganz eigenen Charme.

Im Ort bietet der **Grüne-Lotos-Gipfel** *(Bilian Feng)* einen schönen Ausblick auf die umliegenden Berge und den Fluss. Besonders malerisch ist der Blick von oben am frühen Abend, wenn einige Kormoranfischer mit ihren Bambusflößen zum Fischfang auf den Fluss rausfahren. Um ihre Beute anzulocken, schwenken sie Lampen über dem Wasser.

In der Umgebung sind ein großer alter Banyanbaum und der **Mondberg** *(Yueshan)* mit seinem ausgezeichneten Ausblick beliebte Ziele.

› mehr S. 12 Punkt 3

KUNMING 3 ★ C13

Zu Recht nennt man sie die »Stadt des Ewigen Frühlings«, denn angenehme Temperaturen herrschen in der 1900 m hoch gelegenen Hauptstadt (ca. 6,5 Mio. Einw.) der Provinz Yunnan das ganze Jahr über. Seit alters her kreuzen sich hier die Handelswege zwischen China, Laos, Vietnam und Burma bzw. Myanmar. Entsprechend vielfältig gestaltet sich das Leben auf den Straßen und Märkten. Frauen verschiedener Völker verkaufen teils handgearbeitete Kleidungsstücke und viele wohlschmeckende Spezialitäten.

Yunnan war ursprünglich von Thai- und anderen nichtchinesischen Völkern besiedelt, im 13. Jh. wurde es aber von den Mongolen überrannt, die 1253 das Reich Dali vernichteten. Die nachfolgende Ming-Dynastie besiedelte dann die Hochebenen und Berge mit Chinesen und machte die anderen Volks-

Karte S. 150

Eine Bai verkauft ihre Spezialitäten auf dem Markt von Kunming

gruppen damit zu Minderheiten, die in jeder Hinsicht an den Rand gedrängt wurden. Bis heute hat sich daran wenig geändert, auch wenn den Minderheiten traditionelle Kleidung, eigene Sprache, Bräuche und Alltagsgewohnheiten wieder erlaubt sind. Inzwischen haben die Feste und Kulturveranstaltungen allerdings einen eher folkloristischen Charakter.

Nach 1949 wurde Kunming von der chinesischen Regierung im Einheitsgrau »modernisiert« und zum Zentrum der Metall verarbeitenden Industrie ausgebaut. In den vergangenen Jahren entwickelte sich die Stadt, vor allem dank der schönen Umgebung, zu einem für Touristen attraktiven Ziel.

IN DER STADT

Nördlich des Zentrums, in der Nähe des **Cuihu-Parks** Ⓐ, sind einige Straßenzeilen erhalten geblieben, die von alten, zwei- bis dreistöckigen, weitgehend aus Holz erbauten Häusern mit kleinen Läden und Teestuben gesäumt werden. Dort am Südhang eines gleichnamigen Hügels steht auch der buddhistische **Yuantong-Tempel** Ⓑ, der Anfang des 14. Jhs. errichtet wurde. Die verschiedenen Volksgruppen beeinflussten die Dekoration des schön gelegenen Heiligtums.

Im **Provinzmuseum** Ⓒ an der Dongfeng Xilu werden vor allem Kleidung und Alltagsgegenstände der nicht-chinesischen Völker ausgestellt, es befinden sich dort auch wertvolle Dian-Bronzen, die mehr als 2500 Jahre alt sind (Di–So 9-16.30 Uhr).

Die **Pagode des Westtempels** D *(Xisita)* entstand von 824 bis 859 und zeigt die typischen Merkmale des Pagodenbaus zu Zeiten der Tang-Dynastie, wie sie beispielsweise auch in den Wildganspagoden Xi'ans › S. 90, 91 zu bewundern sind: einen quadratischen Grundriss, geringe Verjüngung im unteren Teil, verputzte Ziegelsteine ohne Holzanbauten außen und weit herausragende Steintraufen auf jedem der 13 Stockwerke. Die Innenkonstruktion besteht aus Holz. Die Spitze krönt ein runder Metallturm, vogelähnliche mythische Wesen sehen von jeder Ecke herunter. Die **Pagode des Osttempels** E *(Dongsita)* ähnelt der westlichen Pagode in Größe und Bauart weitgehend.

IM SÜDWESTEN

Auf der Fahrt Richtung Südwesten zum Dian-See, erreichen Sie den **Park der Schönen Aussicht** F *(Daguanyuan)*, in dem am 15. Tag des 8. Mondmonats mit vielen Laternen das Mondfest begangen wird. Hier steht seit dem 17. Jh. ein Aussichtsturm, der nach einem Brand 1869 neu errichtet wurde. Links und rechts vom Eingangstor sieht man ein »Parallelgedicht«, das von Sun Ranweng verfasst wurde. Parallelgedichte besitzen die gleiche Zeichenzahl, den gleichen Aufbau sowie den gleichen Reim und werden oft an den Seiten von Toren, auf Säulen oder nebeneinander an eine Wand aufgehängt. Das Gedicht im Park gehört zu den längsten und bekanntesten in China. Es beschreibt die Schönheit Kunmings und die Geschichte der Provinz Yunnan.

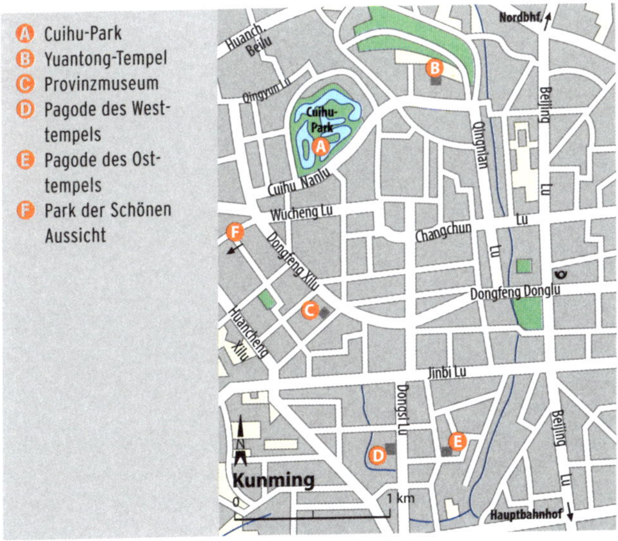

DIAN-SEE UND WESTBERGE

Über 20 Bäche und Flussläufe ergießen sich in den Dian-See *(Dianchi)*. Entweder kann man vom See die Aussicht auf die **Westberge** 4 *(Xishan)* genießen – oder umgekehrt von den Bergen auf den See.

Von Haigeng aus gelangt man per Minibus oder Sessellift nach oben. Für die Wanderung zum Gipfel sind 3–4 Std. einzuplanen. Die Tempel, Pavillons und Tore liegen verstreut über das gesamte Erholungsgebiet.

Der daoistische **Tempel der Drei Reinen** *(Sanqingge)* existiert seit der Yuan-Dynastie. Von dort führen Treppen und Wege hinauf bis zum **Drachentor** *(Longmen)*, das für die Mühen des Ausstiegs mit einer herrlichen Aussicht belohnt. Danach erreicht man die **Halle, die den Himmel berührt** *(Datiange)*, eine Art Höhlentempel aus dem Jahr 1853.

BAMBUSTEMPEL 5

Der Tempel *(Qiongzhusi)*, 10 km nordwestlich der Stadt, entstand zur Zeit der mongolischen Yuan-Dynastie. In der Haupthalle stehen noch drei Buddhastatuen aus dieser Ära. Besonders sehenswert sind jaedoch die 500 Luohan-Figuren, die 1883–1890 von einem Meister aus Sichuan aus Ton geformt wurden. Die Buddhaschüler werden individualisiert dargestellt, um ihre Menschlichkeit zu betonen. Dabei scheint der Künstler sich Vorbilder aus allen sozialen Gruppen genommen zu haben, so lebhaft und ausdrucksstark sind ihm die Figuren gelungen.

PALAST UND HALLE

Eine schöne Palastanlage mit Toren und Hallen liegt 14 km nördlich von Kunming in einem Park an einem kleinen See, der **Palast des Schwarzen Drachens** 6 *(Heilonggong)*. Seinen Namen verdankt er der Tatsache, dass der See auch in Zeiten größter Dürre nie austrocknete, wofür natürlich nur ein in ihm lebender Drache verantwortlich sein konnte. Die Drachenhalle wurde 1454 gebaut. Äußerst dekorativ ist auch das große Eingangstor mit seiner prächtigen und komplizierten Dachkonstruktion.

Farblich in die andere Richtung tendiert die **Goldene Halle** 7 *(Jindian)*, die zwar keineswegs aus Gold besteht, aber dennoch sehenswert ist. Der 7 km nordöstlich der Stadt auf dem Minfeng-Berg gelegene Tempel wurde im Jahr 1602 gegründet. Die »Goldhalle« floss hingegen 1671 in ihre Formen. Einschließlich der Säulen, Türen, Fenster und Dekorationen besteht sie vollständig aus Bronze.

HOTELS

Green Lake Hotel €€€

Schön in einem Park gelegenes Traditionshaus – und immer noch das führende Hotel der Stadt.

- 6 Cuihu Nanlu | Kunming
  Tel. 08 71/515 88 88
  www.greenlakehotelkunming.cn

New Era Hotel €€

Das Hotel liegt zentral in der Nähe des Vogel- und Blumenmarkts und verfügt über Restaurants mit chinesischer und internationaler Küche.

- 99 Donfeng Xilu | Kunming
  Tel. 08 71/362 49 99
  www.newerahotelkunming.cn

RESTAURANTS

Die Restaurants in Kunming bieten fast immer frisches Gemüse und Wild. Spezialität ist im Tontopf mit Heilkräutern gekochtes Huhn; beliebt sind zudem Reisnudeln.

1910 La Gare du Sud €€

Das Restaurant in einem ehemaligen Bahnhof punktet mit großartiger Atmosphäre.

- 8 Hou Xin Jie | Kunming
  Tel. 08 71/63 16 94 86

Tusheng Shiguan €

Hier gibt es die beste vegetarische Yunnan-Bioküche der Stadt. Alle Zutaten kommen von kleinen Bauernhöfen in der Umgebung.

- 15 Jindingshan Lu | Kunming
  Tel. 08 71/65 42 00 10

SHOPPING

Die lokalen Batikstoffe werden überall angeboten, Kunsthandwerk findet man u. a. in den **Kaufhäusern** (80 Dongfeng Donglu und 99 Dongfeng Xilu).

STEINWALD 8 9 C13

Ein Besuchermagnet ist der legendäre Steinwald *(Shilin)*, der sich gut 120 km südöstlich von Kunming befindet. Nach dem Ausbau der Straßen brauchen Busse gut zwei Stunden für die Fahrt zu dem 27 000 ha großen Felsenwald (Abfahrt: Zentrale Busstation an der Beijing Lu, ca. 500 m nördl. des Hauptbahnhofs von Kunming).

Die Kalksteinfelsen entstanden vor etwa 300 Mio. Jahren, als durch Bewegungen der Erdkruste das Meer abfloss und sich der Boden anhob. Das Regenwasser wusch

Die stark erodierten Felsformationen im Steinwald bei Kunming ragen bis zu 30 m empor

Pflanzen- und Tierformen inspirieren die Bai beim Besticken und Färben ihre Tücher

dann in der Folgezeit die bizarren Formen aus dem relativ weichen Kalkstein. Viel amüsanter ist allerdings die Erklärung der Legende für die Entstehung: Einer der daoistischen Unsterblichen schenkte einem verliebten Paar ein Refugium der Einsamkeit.

Wer abends wieder in Kunming sein möchte, sollte sich in dem großen Gebiet an den ca. 2 km langen ausgeschilderten Weg halten, der durch die dichtesten Felsformationen führt. Mit etwas Fantasie und gutem Willen werden Sie Kamele, sich küssende Liebespaare und Pagoden in den Felsen erkennen.

Besonders schön wirkt der Steinwald bei Sonnenuntergang. Und Touristenrummel gehört natürlich auch dazu: Hotels, Teehäuser, Restaurants, Souvenirstände und Folkloretänze.

DALI 9 A12

Die gut 400 km westlich von Kunming gelegene Stadt (ca. 600 000 Einw.) ist per Flugzeug (1 Std.) oder Bus (rund 6 Std. Fahrt) von dort erreichbar. Sie bettet sich in 1980 m Höhe in die Landschaft aus Er-See und Chang-Gebirge. Am Seeufer fanden Archäologen Relikte einer 3000 Jahre alten nicht-chinesischen Hochkultur. Im 8. Jh. wurde Dali Hauptstadt des tibeto-birmanischen Königreichs Nanzhao (738–902), das 200 Jahre später in das Reich Dali des Bai-Volks überging und im 13. Jh. von den Mongolen zerstört wurde. Die Bai stellen heute noch rund 75 % der Bevölkerung und genießen gewisse Autonomie.

Berühmtes Wahrzeichen der bunten Marktstadt sind die außerhalb gelegenen **Drei Pagoden** *(Dali*

Santa). Es sind verputzte und leuchtend weiß gestrichene Ziegelbauten, von denen der höchste bis in 69 m Höhe aufragt. Die Pagoden stammen aus dem 9. und 10. Jh. und gehören heute zum Chongshen-Tempel. Auch eine Bootsfahrt auf dem 40 km langen und bis zu 10 km breiten See ist sehr entspannend.

HOTEL

The Linden Centre €€

In 14 fantastischen Zimmern wohnt man wie in einem lebendigen Museum, allerdings etwas außerhalb der Stadt.

- 5 Chengbei Lu
  Xhizhou | Dali
  Tel. 08 72/245 29 88
  www.linden-centre.com

LIJIANG 10 ★ A11

In einer spektakulären Berglandschaft, deren Gipfel bis an die 5000 m reichen, liegt die Millionenstadt Lijiang in 2600 m Höhe. Sie ist auf einer gut ausgebauten Straße in etwa drei Stunden von Dali aus zu erreichen.

Mit Kopfsteinpflaster und Bruchsteinen bedeckte Wege durchziehen die **Altstadt** mit ihren schiefwinkligen Holzhäusern, die 1996 unter den Schutz der UNESCO gestellt wurde. Herausragende Sehenswürdigkeiten gibt es nicht, Interesse wecken vielmehr die in Trachten gekleideten Bewohner vom Volk der Naxi und die trotz des Touristentrubels geruhsame Atmosphäre. Den besten Ausblick auf das Bergpanorama hat man vom Park mit dem **Teich des Schwarzen Drachen** *(Heilongtan).* Auf einer Insel im Teich ragt der **Turm, der den Mond erreicht** *(Deyoulou),* auf. Im nahen **Turm der Fünf Phönixe** *(Wufenglou)* werden Kulturgegenstände der Naxi ausgestellt. Das Dach mit seinen hoch aufschwingenden Ecken stammt von 1601. Und schließlich sollte man noch einen Blick in den buddhistischen **Tempel des Drachenkönigs** *(Longwang Miao)* werfen.

HOTEL

A Liang Guesthouse €

Altes, unter Denkmalschutz stehendes Naxi-Haus mit schönem Innenhof, das von

DIE NAXI

Seit einigen Jahrzehnten interessieren sich internationale Forscher für die Naxi, vor allem wegen ihrer Hieroglyphen und Lebensgewohnheiten. Bei ihnen gibt es nämlich Reste einer matriarchalischen Gesellschaft. Die Frauen wählen ihre Partner, die aber über Jahre nur nachts bei ihnen sind und tagsüber im Haushalt der Mutter arbeiten. Die weiblichen Nachkommen haben eigene Zimmer, in denen sie ihre Liebhaber empfangen, die männlichen müssen sich mit einem Gemeinschaftsraum begnügen. Die Männer haben das Beste aus ihrem Schicksal gemacht und pflegen die Geselligkeit: Sie gelten als begeisterte Sänger, Tänzer und Musikanten.

einer sehr freundlichen Familie geführt wird, in zentraler, ruhiger Lage.

- 110 Wenzhi Xiang | Lijiang
  Tel. 08 88/512 99 23

AUSFLÜGE VON LIJIANG

BAISHA A11

Von Lijiang aus kann man ins etwa 10 km nördlich gelegene Dorf Baisha radeln. Vor dem Park mit dem Teich des Schwarzen Drachen geht es links Richtung Wasserreservoir und durch die Felder bis zum Dorf. Der Tempel Liuli Dian weist Einflüsse verschiedener Religionen auf. Die schönen Wandgemälde sollen aus der Ming-Dynastie stammen.

TIGERSPRUNG-SCHLUCHT 11 10 A11

Etwa 90 km nördlich von Lijiang liegt einer der landschaftlichen Höhepunkt Yunnans: die Tigersprungschlucht *(Hutiaoxia)*. Angeblich sei sie so schmal, dass ein Tiger sie überspringen könne. Doch dabei müsste es sich um ein sehr sportliches Tier handeln, denn die 16 km lange Schlucht misst selbst an ihrer schmalsten Stelle 30 m. Die Seitenwände ragen 2500 bis 3000 m hoch auf, und unten schlängelt sich der Goldsandfluss *(Jinshajiang)* hindurch, der später zum Yangzi wird.

Vom Dorf Qiaotou, das man per Bus von Lijiang erreicht, führt ein befestigter Pfad hoch am Nordufer entlang. Bei zwei- bis dreitägigen Wanderungen übernachtet man in einfachen Herbergen, z. B. im spektakulär gelegenen Halfway-Gästehaus. Am Ende der Tour kehrt man nach Lijiang zurück oder fährt weiter nach **Shangri-La** (Zhongdian).

› mehr S. 14 Punkt 18

XISHUANG-BANNA 12 A/B15

Weit im Süden, in der Grenzregion zu Laos und Myanmar, 500 km von Kunming entfernt, liegt die tropische Region Xishuangbanna. Von Kunming kann man in einer Stunde nach Jinghong fliegen und von dort mit Bus oder Taxi durch die am Mekong gelegenen Dörfer fahren. Hier leben verschiedene nichtchinesische Völker, vor allem Dai und Hani. Im heißen Monat April feiern die Dai ihr Wasserfest, bei dem auch Passanten mit dem kühlenden Nass bespritzt werden. Der Besucherandrang ist dann besonders groß.

In der weiteren Umgebung sind einige Pagoden erhalten, etwa die **Weiße Pagode von Damenglong** (50 km südlich von Jinghong), die ockerfarbene **Manlei-Pagode** im Kreis Menghai und der achteckige **Pavillon von Jingzhen** 14 km westlich von Menghai. Der **Chunman-Tempel** des Dörfchens Gan Lan Ba im Dai-Minderheitenpark gilt als der schönste der Dai.

HOTEL

New Dai Garden Hotel €€

Das ehemalige Regierungsgästehaus liegt ruhig in einem angenehmen Park. Zur Ausstattung gehört auch ein Schwimmbad.

- 61 Minhang Lu | Jinghong
  Tel. 06 91/2 16 69 99

HONGKONG & DER SÜDOSTEN

Liebhaber ausgedehnter Einkaufsbummel finden immer wieder etwas Neues in den Straßen von Hongkong

In Hongkong vermischen sich westliches Lebensgefühl und chinesische Tradition. Weltoffen präsentiert sich auch Kanton. Dagegen ermöglicht die tropische, von Sandstränden gesäumte Insel Hainan Uraub von der großstädtischen Hektik.

Der Perlfluss *(Zhujiang)* mündet nach 2200 km im Südosten Chinas ins Südchinesische Meer. In **Kanton** zieht er noch träge und bräunlich, wie kanalisiert, durch die Stadt, doch dann verzweigt er sich in ein weitläufiges Delta, das an der Mündung rund 60 km Breite misst. Viele der Wasserarme sind durch Kanäle verbunden. In *Guangzhou,* wie Kanton auf Chinesisch heißt, studierte Sun Yatsen Medizin und wirkte später quasi als Oberbürgermeister. An ihn erinnert eine Gedenkhalle. Unbedingt besuchen sollte man das Mausoleum des Königs von Nanyue, den Ahnentempel der Familie Chen sowie den Guangxiao-Tempel. Ein Spaziergang auf der Insel Shamian rundet den Besuch ab.

Am Nordende des Deltas liegt **Hongkong,** für mehr als 150 Jahre britische Kronkolonie, doch seit 1997 mit begrenzter Autonomie wieder zu China gehörig. Der Erfolg Hongkongs als Handelsstadt beruhte auf seinem großen Naturhafen, der durch die eigentliche Insel Hongkong vor den Unbilden der subtropischen Stürme geschützt wurde. Gegenüber dieser Insel, die die Briten zunächst besetzten, ragt die Halbinsel Kowloon in den Hafen, die ebenfalls zur Kolonie gehörte, und zu der noch die New Territories gepachtet wurden.

Gegensätze und Atmosphäre machen Hongkongs Reiz aus: Während Geschäftsleute in Schlips und Kragen emsig Millionendeals abschließen, wechseln auf den wuseligen Märkten Schnäppchen für ein paar Scheine den Besitzer. Moderne Hochhäuser drängen sich um alte Tempel. Auf der Straße locken Garküchen mit Dim Sum im Neonlicht großer Fast-Food-Ketten und in den Hotels elegante Restaurants.

Am Südende des Deltas breitet sich die viel kleinere ehemals portugiesische Kolonie **Macau** aus. Im Dezember 1999 kehrte auch sie zurück zu China. Die touristische Zukunft sieht Macau mit gigantischen Casinos als Stadt der Spieler.

Wie ein Tropfen oder eine Perle hängt das tropische Eiland **Hainan** an der Südküste Chinas. Die Insel wurde systematisch in ein Urlaubsparadies mit Hotels, Restaurants und Golfplätzen verwandelt. Zwar gibt es auch andernorts am Ostchinesischen Meer gut besuchte Strände wie in Beidaihe, Qingdao oder Xiamen, doch ist das Wetter dort unbeständig oder die Infrastruktur mangelhaft. Auf Hainan versprechen die traumhaften, langen weißen Strände von **Sanya,** die in China ohne Konkurrenz sind, völlige Entspannung, obwohl man sie mit Tausenden chinesischer Urlauber teilen muss.

TOUREN IN DER REGION

TOUR 10

ZWEI TAGE IN HONGKONG

ROUTE: Central District > Western District > Peak > Kowloon

KARTE: Seite 150
DAUER: Zwei Tage, davon ein Tag für Kowloon.
VERKEHRSMITTEL: 1. Tag: Ausgangspunkt Ⓤ **Central,** dann weiter zu Fuß, mit der U-Bahn oder mit dem Taxi, mit der Peak Tram in 8 Min. auf den Peak (7–24 Uhr alle 10 bis 15 Min.). In den Western District hinauf führt der Hillside Escalator. 2. Tag: Ausgangspunkt Ⓤ **Tsim Sha Tsui,** oder mit der Star Ferry vom Central District nach Kowloon, weiter zu Fuß, mit der U-Bahn oder mit dem Taxi.

TOUR-START:

Wer nur zwei Tage Zeit für **Hongkong** 13 > S. 151 hat, wird den ersten wohl auf der Insel Hongkong verbringen, durch den Central District > S. 153 und den Western District > S. 154 bummeln und am Nachmittag mit der Peak Tram auf den Peak > S. 155 fahren, um die phänomenale Aussicht zu genießen. Gegen 18 Uhr wird es schon dunkel, und bald erstrahlt die Stadt in ihren Lichtern. Im Café Deco oben lässt sich das Lichtermeer auch während des Essens betrachten, doch wer die richtige asiatische Küche genießen will, muss wieder hinunter vom Berg.

Der zweite Tag steht dann im Zeichen von Kowloon > S. 156 mit einem Besuch des **Hong Kong Museum of Art** O > S. 156, des **Tin Hau Temple** T > S. 157 und einem Bummel über den lebhaften Nachtmarkt in der Temple Street > S. 157.

TOUR 11

ERKUNDUNG DES PERLFLUSSDELTAS

ROUTE: Hongkong-Island > Kowloon > Kanton > Hainan

KARTE: Seite 150
DAUER: Acht Tage, davon drei Tage für Hongkong, zwei für Kanton sowie drei Tage Badeurlaub auf Hainan.
VERKEHRSMITTEL: 1. und 2. Tag: wie oben beschrieben. 3. Tag: mit der Fähre auf die Inseln oder mit einem Tragflächenboot (Jetfoils) nach Macau. 4. und 5. Tag: mit dem Zug (ca. 2–3 Std.), Bus (ca. 2,5 Std.) oder Schnellboot von Hongkong nach Kanton, da ab Ⓤ **Yuexiu Gongyuan,** zu Fuß, mit U-Bahn oder Taxi weiter. 6., 7. und 8. Tag: mit dem Flugzeug nach Sanya auf Hainan.

TOUR-START:

Will man Hongkong komplett sehen, so benötigt man über die in Tour **10** › S. 149 beschriebene Stadtbesichtigung von **Hongkong-Island** › S. 153 und **Kowloon** › S. 156 hinaus mindestens noch ein bis zwei weitere Tage Aufenthalt. Dann lohnen sich Ausflüge auf die Insel **Lantau** › S. 157 zum Po-Lin-Kloster, in die **New Territories** › S. 157 zum Ten Thousand Buddhas Temple bei Shatin und auf die kleinere Insel **Cheung Chau** › S. 158 zum Fischessen oder in die ehemals portugiesische Kolonie **Macau.** Die Altstadt wirkt mit ihren Kirchen und Kolonialhäusern noch sehr europäisch. Auf den beiden Inseln Taipa und Coloane frönen besonders einhei-

TOUREN IN HONGKONG UND IM SÜDOSTEN

TOUR 8
BOOTSFAHRT AUF DEM LI-FLUSS
Tourenbeschreibung › S. 136

TOUR 10
ZWEI TAGE IN HONGKONG
Central District › Western District › Peak › Kowloon

TOUR 11
ERKUNDUNG DES PERLFLUSSDELTAS
Hongkong-Island › Kowloon › Kanton › Hainan

mische Touristen in großen Casinos dem Glücksspiel, der wichtigsten Einnahmequelle Macaus.

In 2–3 Stunden gelangt man mit dem Zug nach **Kanton** 14 › S. 159, der Hauptstadt der Provinz Guangdong, für die zwei Tage einzuplanen sind. Vom Reichtum vergangener Jahrhunderte zeugen die kostbaren Grabbeigaben im **Mausoleum des Königs von Nanyue** E › S. 162. Im **Ahnentempel der Familie Chen** J › S. 165 ist das Volkskundemuseum für Kunsthandwerk untergebracht, und auf der Insel **Shamian** O › S. 165 beeindrucken prächtige Kolonialbauten. Entspannung nach all der Kultur bietet ein mehrtägiger Badeaufenthalt in Sanya auf der tropischen Insel **Hainan** 15 › S. 168.

VERKEHRSMITTEL

- Hongkong hat wahrscheinlich das beste System an öffentlichen Verkehrsmitteln der Welt. Ob U-Bahn (MTR), S-Bahn in die New Territories (MTR und KCR), ob Busse, Minibusse oder die nostalgische Tram sowie die zahllosen Fähren – mit einer elektronischen Fahrkarte kann man fast alle Verkehrsmittel benutzen. Und selbst die Taxis sind preiswert. Nach Macau gelangt man vom Macau Pier mit den Jetfoils (Tragflächenboote) und Katamaranen in etwa einer Stunde. Auf die Inseln Lamma, Lantau und Cheung Chau kommt man mit der Fähre.
- Kanton ist per Schnellboot zu erreichen. Die Fähren und Katamarane legen von der Harbour City ab, dem nördlichsten Gebäude des Ocean Centre an der Spitze von Kowloon. Schneller und einfacher gelangt man in zwei bis drei Stunden mit dem Zug nach Kanton. Mit 14 Linien ist das U-Bahn-Netz in Kanton inzwischen fast flächendeckend fertiggestellt.
  Die Fähren zu anderen Orten im Perlflussdelta verkehren auch ab der Harbour City.
- Nach Sanya kann man sowohl von Hongkong als auch von Kanton und vielen anderen chinesischen Städten aus fliegen.
- Bei der Planung muss man bedenken, dass Europäer für Hongkong und Macau kein Visum benötigen, wohl aber für die Volksrepublik China. Wer aus China nach Hongkong reist und dann weiter nach Sanya will, benötigt ein neues oder ein Double-entry-Visum.

UNTERWEGS IN DER REGION

HONGKONG 13 J14/15

Rund 150 Jahre standen die Insel Hongkong, eine gegenüberliegende Landzunge sowie über 200 größtenteils unbewohnte Inseln unter britischer Verwaltung, Ergebnis zweier Opiumkriege und späterer Pachtverträge, die am 1. Juli 1997 ausliefen. Die kapitalistische Enklave ging an die kommunistische Volksrepublik China. Hongkong (ca. 7,5 Mio. Einw.) ist eine Stadt der Kontraste, mit westlichem Einfluss zwar, doch letztlich chinesisch.

Die dünn besiedelte, ferne Ecke des chinesischen Reichs erlebte vom 10. bis 14. Jh. mehrere Zuwande-

Das International Finance Centre (IFC) markiert das ökonomische Herz von Hongkong

rungswellen von Chinesen aus dem Norden. Ab dem 16. Jh. tauchten vor der Küste europäische Schiffe auf, um Handel zu treiben mit jenem sagenhaften Kathai, von dem Marco Polo berichtet hatte.

Die Briten führten, da sich die Chinesen nach außen völlig abschotteten, zwei Kriege zur Öffnung der Handelswege. Nach dem ersten Opiumkrieg (1839–1841), der so genannt wurde, weil die Briten für die Bezahlung chinesischer Waren Opium ins Land schmuggelten, okkupierten sie die Insel Hongkong. Nach dem zweiten Opiumkrieg (1856–1860) gewannen die Briten die Halbinsel Kowloon und 1898 durch einen Pachtvertrag das Hinterland der New Territories sowie 235 Inseln hinzu.

Zunächst bauten die Briten die Kolonie langsam aus, kauften vor allem Porzellan, Seide und Tee. Einen beträchtlichen Einschnitt für Hongkong bedeutete der Zweite Weltkrieg, als die Japaner nach dem Angriff auf Pearl Harbor die Stadt besetzten. Nach Maos Machtübernahme in China und Ausrufung der Volksrepublik im Jahr 1949 schwoll der Strom der chinesischen Flüchtlinge in Hongkong gewaltig an. Firmen verlegten ihre Asienniederlassungen nun hierher und die Stadt wurde zur Produktionsstätte billiger Plastik- und Elektronikartikel.

Doch Schritt für Schritt kletterte man die industrielle Leiter empor, Ende der 1980er-Jahre war die Stadt nach Tokio zweites Finanz- und Dienstleistungszentrum Asiens. Die

Produktion wurde in die von China geschaffenen Wirtschaftssonderzonen verlegt und die Handelsbeziehungen intensiviert, während über die Konditionen der Rückgabe verhandelt wurde. Nach der Übergabe an die Volksrepublik China 1999 wurde Hongkong die Aufrechterhaltung des bisherigen Status für die nächsten 50 Jahre zugesichert.

CENTRAL DISTRICT

Das ökonomische Herz der Stadt schlägt im Central District, wo die Wolkenkratzer mit denen Manhattans konkurrieren. Von der Anlegestelle der **Star Ferry** Ⓐ c2, die seit 1898 die Insel mit der Halbinsel Kowloon verbindet, gewinnt man einen guten Überblick: links die schlichte **City Hall** Ⓑ c2, das Rathaus, rechts die drei Türme des **Exchange Square** Ⓒ c2, in dem u. a. die Börse untergebracht ist. Die Sicht aus den teuren Büros beeinträchtigt der benachbarte Turm **Two IFC** Ⓓ c2, mit 88 Stockwerken und 412 m das höchste Gebäude auf der Insel. Im 55. Stock gibt es einen Aussichtsraum und ein kleines Museum zur Geschichte des Hongkong-Dollars.

Durch die Pedder Street gelangt man zu den großen Einkaufszentren The Landmark und Prince's Building, von dort zum **Statue Square.** Auch hier lohnt ein Rundumblick, zunächst auf das einzige Kolonialgebäude im Zentrum, 1912 als oberster Gerichtshof eingeweiht, heute als **Legislative Council Building** Ⓔ c2 Sitz des Parlaments. Schräg dahinter ragt fast drohend der 315 m hohe Turm der **Bank of China** Ⓕ c2 auf, geschaffen vom Stararchitekten I. M. Pei und Sitz der ökonomisch Mächtigen aus dem Norden. An der Südseite des Platzes steht die 1985 von Norman Foster errichtete **Hong Kong and Shanghai Bank** Ⓖ c2 mit einem sehenswerten, nach Brückenbautechnik konstruierten

FANTASTISCHE HOCHHÄUSER

- Statisch gewagt ragt der **CCTV Tower,** das Bürogebäude des Staatsfernsehens, am östlichen dritten Ring in Peking auf. > S. 73
- Mit seinen Glück bringenden 88 Stockwerken beherrscht der Büro- und Hotelturm **Jinmao** die Skyline von Pudong in Shanghai. > S. 109
- Eindrucksvoll erhebt sich direkt am Hafen der Büroturm **Two IFC** als höchstes Gebäude der Insel. > S. 153
- Den warnenden Finger in den Hochhausschluchten Hongkongs, den Geomanten allerdings zu dreieckig finden: der Turm der **Bank of China** des chinesisch-amerikanischen Stararchitekten Ieoh Ming Pei. > S. 153
- Sir Norman Foster setzte beim Bau der **Hong Kong and Shanghai Bank** (HSBC) auf Brückenbautechnik. > S. 153
- Besonders elegant und 610 m hoch dreht sich der **Canton TV Tower,** der Fernsehturm in Kanton, in den Himmel. > S. 163

Lichthof. Unter der Bank durch gelangt man zum Garten von **St. John's Cathedral** Ⓗ d2, der vermutlich ältesten anglikanischen Kirche in Ostasien (1852). Die Garden Road führt weiter bergauf zu den **Zoological and Botanical Gardens** Ⓘ d2 mit Spielplätzen und Tiergehegen und auf der anderen Straßenseite zum moderneren **Hong Kong Park** Ⓙ c/d2 mit einem großen Aviarium und einem Aussichtsturm, unter dem sich frühmorgens die Leute zu ihren alltäglichen Taiji-Übungen treffen.

WESTERN DISTRICT 11

Der Western District war sozusagen das Chinesenviertel von Hongkong. Hier wohnten Handwerker und

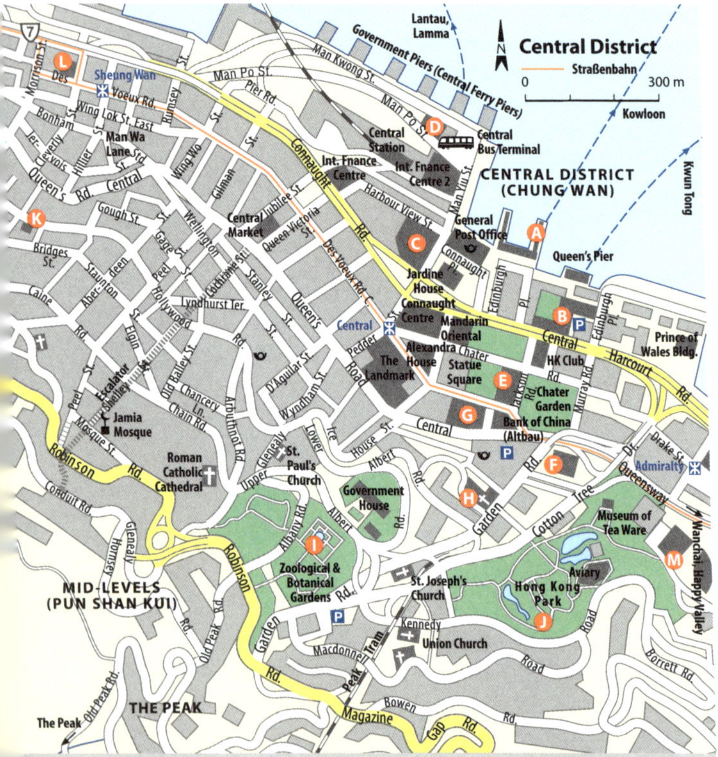

- Ⓐ Star Ferry
- Ⓑ City Hall
- Ⓒ Exchange Square
- Ⓓ Two IFC
- Ⓔ Legislative Council Building
- Ⓕ Bank of China
- Ⓖ Hong Kong and Shanghai Bank
- Ⓗ St. John's Cathedral
- Ⓘ Zoological and Botanical Gardens
- Ⓙ Hong Kong Park
- Ⓚ Man Mo Temple
- Ⓛ Western Market
- Ⓜ Pacific Place

Händler, und bis heute findet man hier viele traditionelle Läden, Apotheken und Werkstätten.

Am besten fährt man mit dem **Hillside Escalator** vom Central Market hinauf in das Viertel. Dabei handelt es sich um ein System von Rolltreppen und Fahrwegen, die ab morgens 10 Uhr laufen, und von denen sich das Verkehrs- und Einkaufsgewusel in den angrenzenden Gassen gut beobachten lässt. In der **Hollywood Road** steigt man wieder auf das Straßenniveau hinunter. Hier liegen viele Antiquitätenläden nebeneinander.

Eng verwoben mit dem Viertel ist der **Man Mo Temple** K c2, in dem der Gott der Literatur, Man, und der Kriegsgott Mo verehrt werden. Auf den im Tempel ausgestellten alten Sänften wurden früher die schönen Götterfiguren durch die Straßen getragen (tgl. 8 bis 18 Uhr).
› mehr S. 17 Punkt 32

Weiter im Westen wurde der 1906 im Kolonialstil entstandene **Western Market** L c2 renoviert und mit kleinen Souvenirläden sowie einem Restaurant bestückt.

WANCHAI UND HAPPY VALLEY

Vom Central District in Richtung Osten gelangt man nach **Wanchai**, dem einstigen Rotlichtviertel, von dem allerdings nicht viel erhalten blieb. In einigen Seitenstraßen gibt es noch urige Geschäfte, doch sonst dominieren hier inzwischen Bürohäuser und moderne Konsumtempel wie das Einkaufszentrum **Pacific Place** M c3.

Eigentlich wollten die Briten in **Happy Valley** siedeln, doch von dort vertrieb sie die Malaria. Sie legten mehrere Friedhöfe und eine Pferderennbahn an (Rennen: Mi und am Wochenende, im Wechsel in Happy Valley und Shatin/New Territories).

HONGKONGS SÜDEN

Nicht versäumen sollte man einen Ausflug in den Süden der Insel. An der Uferpromenade im Hafen von **Aberdeen,** der inzwischen vor allem als Schutzhafen bei Taifunen dient, erinnern Dschunken und Sampans, traditionelle Segel- und Ruderboote, an den einst bedeutenden Fischereihafen. Bei einem Abstecher zum nahen Themenpark **Middle Kingdom** kann man berühmte Bauwerke Chinas in Miniaturformat bestaunen.

AUF DEN HAUSBERG

Kein Hongkongbesuch ist komplett ohne Fahrt auf den Peak, am schönsten mit der **Peak Tram,** sonst per Bus Nr. 15 oder grünem Minibus Nr. 1. Vor allem abends berauscht die **Aussicht** auf die Stadt von der Sky Terrace 428 in 428m Höhe auf dem Peak Tower. Zur Erfrischung geht's in die Peak Gallerias (www.thepeak.com.hk). Tagsüber kann man den Berg in 45 Minuten auf einem ebenen befestigten Weg umrunden und dabei schöne Ausblicke auf Stadt und Meer genießen.

Karte S. 150

Der bekannteste Strand Hongkongs verläuft entlang der **Repulse Bay** unterhalb des berühmten »Hauses mit Loch«. Das Loch soll dem Drachen, der in den Bergen hinter dem Haus wohnt, freien Zutritt zum Wasser verschaffen. **Stanley** besitzt einen kleinen Tin-Hau-Tempel, wird aber vorwiegend wegen des **Stanley Market** besucht, auf dem vor allem Kleidung, Schuhe, Koffer und allerlei Souvenirs »Made in China« verkauft werden (tgl. 10.30–18.30 Uhr).

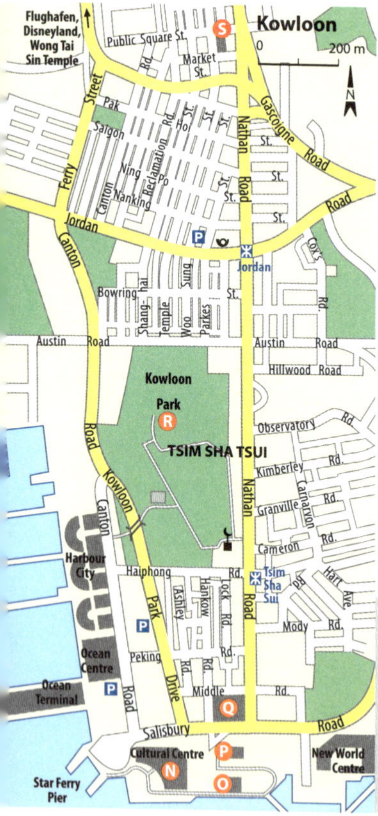

HALBINSEL KOWLOON

Kowloon gilt als das Einkaufsparadies schlechthin. An der **Nathan Road** und ihren Seitenstraßen liegt ein Laden neben dem anderen, am Ocean Terminal kann man vom Kreuzfahrtschiff direkt in die Ladenpassage steigen, und mit der Harbour City schließt sich ein weiteres Einkaufszentrum an. Doch ganz an die Spitze der Halbinsel hat die Stadt das imposante **Cultural Centre** Ⓝ c3 mit Konzerthallen gesetzt. Außerdem präsentiert das **Hong Kong Museum of Art** Ⓞ c3 eine große Sammlung chinesischer und westlicher Kunst (http://hk.art.museum, bis Ende 2019 wegen Umbau geschl.). Nebenan gewährt das bereits frisch renovierte **Space Museum** Ⓟ c3 einen Blick in den Himmel (www.hk.space.museum, Mo, Mi–Fr 13–21, Sa/So, Fei 10–21 Uhr).

Erholung bietet bei Tee oder Cocktail die Lobby des 1928 eröffneten **Peninsula Hotels** Ⓠ c3 mit Palmen und Goldstuck. Bunter geht es im **Kowloon Park** Ⓡ c3 mit Skulpturenpark, Spielplätzen, Flamingoteich und Sportzentrum zu.

Im 484 m hohen **International Commerce Center** Ⓢ c3 bietet sich vom **Ritz Carlton Hotel** oder

- Ⓝ Cultural Centre
- Ⓞ Hong Kong Museum of Art
- Ⓟ Space Museum
- Ⓠ Peninsula Hotels
- Ⓡ Kowloon Park
- Ⓢ International Commerce Center
- Ⓣ Tin Hau Temple

von der Aussichtsplattform auf 387 m Höhe ein umwerfender Blick auf den Victoria Harbour. Das höchst gelegene Schwimmbad der Welt befindet sich in der 106. Etage (1 Austin Road).

Ein beliebter Treffpunkt ist der Park vor dem **Tin Hau Temple** c3 in der Market Street. Dort wird der Schutzgöttin der Fischer und Seefahrer gedacht. Auch andere Stadtgötter und daoistische Heilige sind durch Statuen vertreten. Wenn es dunkel wird, gehen in der benachbarten **Temple Street** die Lichter des **Nachtmarkts** an, an den Ständen wird gebrutzelt und gefeilscht.

Weit im Norden von Kowloon liegt der **Vogelmarkt** (tgl. 10 bis 18 Uhr, Yuen Po St./Flower Market St., MTR Prince Edward, Ausgang A). Auch Hongkongs lebhaftester Tempel, der von großen Wohnblocks umgebene **Wong Tai Sin Temple** b3, liegt im Norden Kowloons. Er verbindet daoistische und buddhistische Elemente und beherbergt zahlreiche Wahrsager.

NEW TERRITORIES

Buddhistisch ist der **Ten Thousand Buddhas Temple** a3 auf einem Hügel im Distrikt Shatin im Osten der New Territories. Sogar mehr als 10 000, nämlich etwa 12 800 kleine Buddhafiguren umgeben den Altar. Und auf dem Vorplatz stehen Gipsfiguren mythischer Wesen sowie eine Pagode.

Ein Ausflug führt nordwestlich von Kowloon zum ca. 2000 Jahre alten Grab **Li Cheng Uk** b2 wo

Spalier im Ten Thousand Buddha Temple

man 58 Grabbeigaben fand (Tonkin St., MTR Cheung Sha Wan; Fr–Mi 10–18 Uhr).

Das Museumsdorf **Sam Tung Uk** a1 entstand im 18. Jh. mit Mauer zum Schutz vor Piraten. Drei Häuserzeilen, in denen u. a. Möbel aus dem ländlichen China gezeigt werden, bestimmen die »Drei-Balken-Siedlung« (Kwu Uk Lane, MTR Tsuen Wan; Mi–Mo 9–18 Uhr).

AUF DEN INSELN

Die größte Insel des Territoriums ist **Lantau**, markiert von zwei rund 900 m hohen Bergen. Seit 1998 der Flughafen Chek Lap Kok und die 2600 m lange Brücke nach Kowloon eröffnet wurden, steigt die Einwohnerzahl auf der einst ruhigen Insel rapide. Beliebtes Wochenendziel sind nicht nur die Badestrände, sondern auch die 70 km langen Wanderwege.

In der Einsamkeit des Hochlandes liegt das **Po-Lin-Kloster**, wenn es nicht gerade von Besucherscharen überlaufen wird. Die Tempelanlage folgt dem klassischen Muster. Ein 23 m hoher Buddha, zu dem 260 Stufen hinaufführen, wacht über allem. Man kann das Kloster auch mit der 5,7 km langen Ngong-Ping-360-Seilbahn erreichen. Wer nach der Besichtigung Hunger verspürt, bekommt in den Restaurants von **Tai O** gute Fischgerichte.

Einen Ausflug wert ist die kleine Insel **Cheung Chau** mit Tempel, Markt, Strand und vielen Fischrestaurants. Lebhaft wird es nur im Mai, wenn das Brötchenfest mit einem Tempelmarkt und einer Prozession gefeiert wird.

INFO

Hong Kong Tourism Board

- Internationaler Flughafen (Ankunftsebene, Terminal 1) | Hongkong
- Causeway Bay MTR Station (nahe Ausgang F) | Hongkong Island
- Star Ferry Pier | Kowloon
  Mehrsprachige Info-Hotline
  Tel. 00 852/25 08 12 34
  www.discoverhongkong.com

HOTELS

The Peninsula €€€

Hier verbinden sich Nostalgie der Kolonialzeit und Effizienz der Moderne auf nahezu perfekte Weise. Im alten Gebäude sind die Räume plüschig eingerichtet, im neu angebauten, modernen Turm genießen Gäste die Aussicht auf den Victoria Harbour.

- Salisbury Rd. | Tsim Sha Tsui
  Kowloon | Hongkong
  Tel. 00 852/2920 2888
  www.peninsula.com

Shangri-la Island €€€

Fast alles liegt diesem eleganten, komfortablen Hotel zu Füßen: Hongkong Park, Pacific Place Shopping Mall, Admirality MTR und Peak Tram.

- Supreme Court Road | Central District
  Hongkong | Tel. 00 852/2877 3838
  www.shangri-la.com

The Salisbury €€

Das Hongkonger YMCA ist ein normales Hotel in bester Lage mit hellen, freundlichen Zimmern, die zum Teil sogar mit Hafenblick aufwarten können, Pool, Fitnesscenter und Kletterwand.

- 41 Salisbury Rd. | Tsim Sha Tsui
  Kowloon | Hongkong
  Tel. 00 852/2268 7888
  www.ymcahk.org.hk

RESTAURANTS

Hei Fung Terrace €€€

In eleganter Atmosphäre, am Fenster mit Blick auf den Strand genießt man mittags *dim sum* und abends verschiedene chinesische Küchen.

- 109 Repulse Bay Rd. | The Repulse Bay
  Hongkong | Tel. 00 852/2812 2622

The Chairman €€–€€€

Authentische kantonesische Küche mit geradezu zappelfrischen Zutaten. Das mit 18 chinesischen Duftkräutern zubereitete Huhn in Sojasauce ist einfach ein Gedicht.

- 18 Kau U Fong | Central District
  Hongkong | Tel. 00 852/25 55 22 02

One Dim Sum Chinese Restaurant €

Ein Traum von Dim Sum: traditionell und dennoch kreativ, gut und günstig. Besitzer Ken Wo spricht Deutsch.

- 15 Playing Field Road | Mongkok
  Kowloon | Hongkong
  Tel. 00 852/27 89 22 80

NACHTLEBEN

Hongkongs bekannteste Kneipenviertel sind **Lan Kwai Fong** etwas oberhalb von Central, **SoHo,** was »South of Hollywood Road« bedeutet und Elgin sowie Staunton Street etwas höher am Hang des Peak umfasst, sowie die Umgebung von **Ashley Rd.** und **Carnarvon Rd.** in Tsim Sha Tsui.
Jeden Abend um 20 Uhr findet im Victoria Harbour die größte Licht-und-Ton-Show der Welt **»A Symphony of Lights«** statt. Dabei werden 44 Gebäude multimedial illuminiert, an Feiertagen gibt es noch ein Feuerwerk dazu. Den besten Blick auf das Spektakel hat man von der Hafenpromenade neben der Star Ferry oder bei einer Hafenrundfahrt.

Dragon I

Beliebter Treffpunkt für Menschen aus aller Welt. Tagsüber gibt es *dim sum*, abends Party.

- The Centrium | 60 Wyndham St.
  Central District | Hongkong
  Tel. 00 852/31 10 12 22
  www.dragon-i.com.hk

Felix

Spektakulär gestylte Mischung aus Bar und Restaurant mit tollem Hafenblick. DOch Qualität und Ambiente haben ihren Preis.

- Peninsula Hotel
  28/F Salisbury Rd. | Tsim Sha Tsui
  Kowloon | Hongkong
  Tel. 00 852/26 96 67 78

SHOPPING

Pacific Place

Lichtdurchflutetes Einkaufszentrum, in dem zahllose Geschäfte mit bekannten Designerlabels, Restaurants und Kinos zu finden sind.

- 88 Queensway | Wanchai
  Hongkong
  Tel. 00 852/28 44 89 00
  www.pacificplace.com.hk

Mountain Folkcraft

Faszinierender Laden mit Stoffen, Kleidung, Puppen, Masken, Spielzeug etc., gefertigt von Minderheitenvölkern Chinas und Südostasiens.

- 12 Wo On Lane | Central District
  Hongkong
  Tel. 00 852/2523 2817
  www.mountainfolkcraft.com

Eileen Kershaw

Traditionsladen, vor allem für Porzellan und Jade.

- Peninsula Hotel (West Wing)
  Salisbury Road | Tsim Sha Tsui
  Kowloon | Hongkong
  Tel. 00 852/2366 4083

KANTON 14 H14

Die Hauptstadt der südöstlichen Provinz Guangdong war schon immer nach außen gewandt, zum Meer, über das sich Handel treiben ließ, über das aber auch die Fremden das Reich bedrohten. Heute hat man die Türen wieder geöffnet, verschifft über das nahe Hongkong die in der Provinz mit in- und ausländischen Investitionen produzierten Güter und kümmert sich wenig darum, was die Machthaber im fernen

Peking sagen. Auch kulturell demonstrierte die Stadt mit dem Bau des Guangdong-Museums und des von Zaha Hadid entworfenen Opernhauses gegenüber am Perlfluss ihre Weltoffenheit.

Mit der Orientierung nach außen setzt *Guangzhou* (ca. 14 Mio. Einw.), wie die Stadt auf Chinesisch heißt, eigentlich nur seine Geschichte fort, die schon vom Handel bestimmt war, bevor die Tang-Kaiser sich anschickten, auch den Süden des Reiches zu kontrollieren. 1517 tauchten im Hafen am Perlfluss erstmals einige uneingeladene Europäer auf, die nach der langen Abgeschlossenheit Chinas zu Zeiten der Ming-Dynastie Handel treiben wollten.

Ärger gab es besonders mit den rotnasigen Briten, als diese Tee und Seide mit Opium bezahlen wollten. Kanton war damals der einzige Handelshafen in China, den die Eu-

SUN YATSEN

Der Anführer der republikanischen Revolution von 1911 und erste Präsident Chinas wurde 1866 nördlich von Macau geboren. Seine Schulausbildung erhielt er in Hawaii, wo ein älterer Bruder lebte. 1883 besuchte Sun ein christliches College in Hongkong und trat später zum Christentum über. Nach seinem Medizinstudium in Kanton und Hongkong arbeitete er als Arzt.

In der Zeit der Bedrohung Chinas durch westliche Kolonialherren und das degenerierte Kaiserhaus in Peking engagierte er sich politisch und setzte auf die Abschaffung der Dynastie, was ihn bis 1912 zu einem Leben im Exil in Hawaii und Japan zwang. Nach Aufständen, die das Ende des Kaiserhauses einläuteten, wählten ihn Delegierte Ende 1911 zum Präsidenten der Republik, die am 1. Januar 1912 ausgerufen wurde. Sechs Wochen später räumte Sun den Platz für Yuan Shikai, der in Peking die Abdankung des Herrscherhauses verhandelt hatte.

Doch Yuan plante, sich selbst zum Kaiser zu machen, und ging militärisch gegen die Nationale Partei *(Guomindang)* vor. Sun floh nach Japan, wo er Soong Ching Ling aus einer einflussreichen Familie heiratete › **S. 68**.

Als 1916 der Widerstand gegen Yuan Shikai zunahm, kehrte Sun Yatsen nach Kanton zurück, konnte sich nach Yuans Tod im Juni 1916 jedoch nicht durchsetzen. China zerfiel zunehmend in regionale Machtzentren. Sun ging nach Shanghai und widmete sich seinen Schriften. Er suchte und fand die materielle Unterstützung der Sowjetunion und initiierte die Politik der Einheitsfront mit der neu entstandenen KP Chinas. 1924 gründete er die Militärakademie Whampoa bei Kanton und übertrug die Leitung Chiang Kaishek, seinem späteren Gegenspieler und Nachfolger in der Führung der GMD.

Sun plante einen Feldzug gegen die Warlords von Kanton nach Norden und reiste Ende 1924 zu Verhandlungen nach Peking. Dort starb er am 12. März 1925 an Leberkrebs und wurde in Nanjing beigesetzt.

Gedenkhalle für Sun Yatsen

ropäer anlaufen durften. Als sich 1839 eine Fraktion am Kaiserhof in Peking durchsetzte, die den Opiumhandel unterband, antworteten die Briten mit Krieg, der Kanton von 1857 bis 1861 eine Besatzung auferlegte. Nach 1949 entwickelte sich die Umgebung von Kanton zu einem vielfältigen Industriezentrum, und auch der Handel erlebte wieder einen Aufschwung. Zum Schaufenster der Volksrepublik wurden die Messen, lange Zeit die einzige Chance für den Westen, chinesische Produkte aus der Nähe zu sehen.

IM NORDEN DER STADT

YUEXIU-PARK A

Auf einem Hügel liegt der Yuexiu-Park, der Seen, Blumengärten, Pavillons und Teehäuser umfasst. Vom **Meeresblick-Turm** B *(Zhenhailou)* ist zwar das Meer nicht zu sehen, aber im Museum hier kann die Geschichte der Stadt nachvollzogen werden.

Etwas weiter, Richtung Südtor des Parks, stehen fünf steinerne Ziegenböcke. Sie sind die Wappentiere der Stadt. Der Legende nach trugen sie fünf Götter hierher, wobei jeder von ihnen eine Getreidegarbe mit fünf Ähren in seinem Maul hielt, damit die Bewohner der »weiten Ebene« (so die Übersetzung von Guangzhou) nie mehr Hunger zu leiden brauchten.

Am Stadion vorbei führt der Weg hinunter zum **Denkmal für Sun Yatsen,** der 1921/22 quasi als Oberbürgermeister von Kanton fungierte und hier in Bronze verewigt wurde. Dort, wo er seinen Amtseid ablegte, errichtete die Stadt 1929–1931 die **Gedenkhalle für Sun Yatsen** C *(Zhongshan Jiniantang).* Hier finden Veranstaltungen statt.

ORCHIDEENGARTEN D

Gegenüber dem Haupteingang zum Yuexiu-Park lädt der 8 ha große Orchideengarten zum Spazierengehen ein. Pausieren kann man im Teehaus. In der Umgebung von Felsen und künstlichen Wasserfällen werden mehr als hundert Arten von Orchideen in Töpfen gezogen.

Pflanzenliebhaber sollten auch den ca. 20 km nordöstlich gelegenen **Botanischen Garten**, einen der interessantesten Chinas, besuchen.

MAUSOLEUM DES KÖNIGS VON NANYUE E ★

Moderne Museumshallen umgeben die unterirdisch gelegene Grabstätte umgeben. Die Ausstellung präsentiert aber Schätze einer längst vergangenen Zeit. Das Volk der Yue (auch Zhuang genannt) wanderte etwa im 4. Jh. v. Chr. in die Region

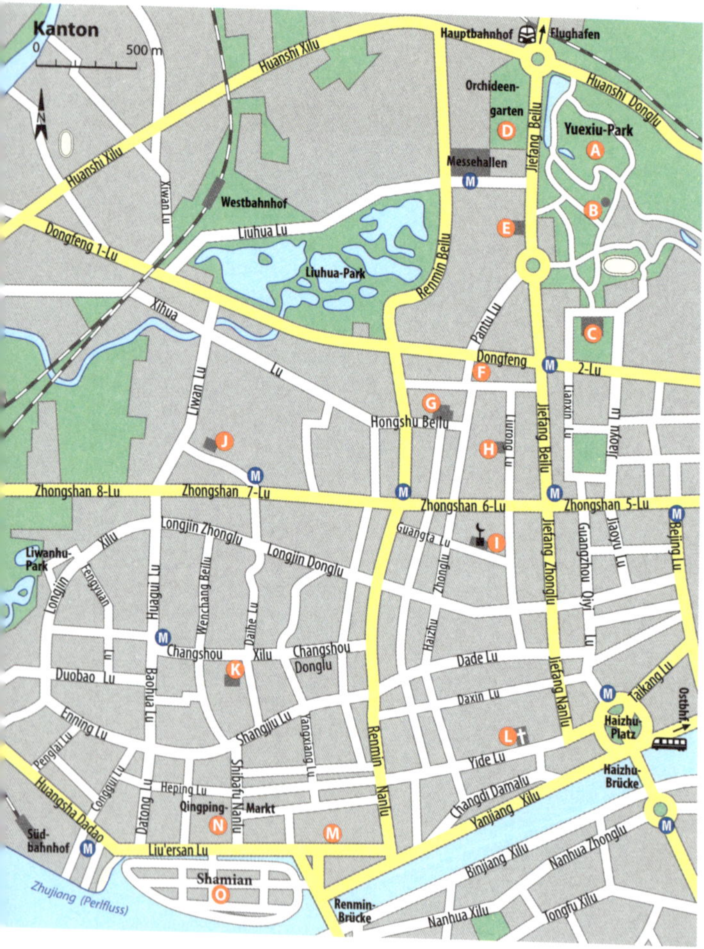

ein und errichtete hier sein Königreich. Seit der Reichseinigung von Qin Shihuangdi gehörte es zwar auch zum Kaiserreich, eine effektive Kontrolle konnten die fernen Kaiser jedoch erst Jahrhunderte später aufbauen. Im Mausoleum entdeckte man mehr als 1000 Grabbeigaben des Königs Zhao Mei. Sie bezeugen den Reichtum und die Macht der »Könige der südlichen Yue«. Zu den kostbarsten Exponaten zählt das größte in China gefundene Goldsiegel jener Zeit (tgl. 9–17 Uhr).

IM ZENTRUM

CANTON TV TOWER F

Nicht zu übersehen ist der 610 m hohe Fernsehturm, von dem in sich ein fantastischer Blick in Richtung Altstadt bietet. Er wurde von den niederländischen Architekten Hemel und Cuit entworfen und setzt sich durch seine geschwungene, drehende Form bewusst von den meist kantig geformten Hochhäusern ab. Die grandiose Aussicht lässt sich sowohl von innen aus 433 m Höhe als auch von der offenen Plattform aus 488 m Höhe bewundern (tgl. 9.30–22.30 Uhr).

- A Yuexiu-Park
- B Meeresblick-Turm
- C Gedenkhalle für Sun Yatsen
- D Orchideengarten
- E Mausoleum des Königs von Nanyue
- F Canton TV Tower
- G Guangxiao-Tempel
- H Tempel der Sechs Banyanbäume
- I Huaisheng-Moschee
- J Ahnentempel der Familie Chen
- K Hualin-Tempel
- L Steinhaus
- M Kulturpark
- N Qingping-Markt
- O Shamian

GUANGXIAO-TEMPEL G 12

In der Hongshu Beilu mitten in einem zentralen, gemütlichen Stadtviertel vom Anfang des 20. Jhs., steht der Guangxiao-Tempel. Er ist einer der ältesten Tempel der Region und einer der drei wichtigen buddhistischen Sakralbauten Chinas – neben dem Lamatempel in Peking und dem Jadebuddha-Tempel in Shanghai.

Im 3. Jh. wurde er aus dem Wohnsitz eines Beamten zum Tempel umgebaut. Bekannt wurde er jedoch erst im 7. Jh., als der Mönch Huineng hier lebte. Er war ein wichtiger Vertreter des Chan-Buddhismus (in Japan Zen-Buddhismus). Huineng galt als sechster Patriarch des Chan-Buddhismus und war damit auch Namensgeber der in der Song-Dynastie entstandenen Halle Liuzudian. Aus Ehrfurcht wurden die Haare des verehrten Mönches nach seinem Tod separat unter einem Bodhibaum begraben. Dort steht heute die **Pagode des Begrabenen Haares** *(Yifata)* mit schön gearbeiteten Buddhafiguren. Eindrucksvoll ist auch die Mahavira-Halle mit einer tausendarmigen Guanyin. In einem Seitenhof des Tempels finden sich die **Östliche und die Westliche Eisenpagoden** aus dem Jahr 967 bzw. 963. Die kleinen Pagoden weisen jeweils über 900 Nischen mit Buddhafiguren auf.

Innehalten vor der Wächterfigur am Eingang zum Tempel der Sechs Banyanbäume

TEMPEL DER SECHS BANYANBÄUME H

Auch dieser Tempel *(Liurongsi)* blickt auf eine lange Geschichte zurück: Er wurde 537 gegründet. Die sechs Banyanbäume verewigte allerdings erst 1099 der Dichter Su Dongpo in einer Kalligrafie, von der eine Nachbildung über dem Tempelportal hängt. Ab der Ming-Dynastie übertrug man den Namen auf den Tempel, doch die Bäume existieren heute nicht mehr. In der Haupthalle ragen drei große Buddhas auf. Außerdem befinden sich dort Gemälde der 18 Luohan. Die Halle des Sechsten Patriarchen schmückt eine songzeitliche Bronzeskulptur des Mönches Huineng. Neben der Guanyin-Halle befindet sich noch eine Urnenhalle für verstorbene Gemeindemitglieder.

Zum Tempel gehörte seit der Gründung auch eine Zierpagode, ursprünglich eine quadratische Holzkonstruktion. Sie fiel im 10. Jh. einem Feuer zum Opfer und wurde 1097 durch ein völlig anderes Bauwerk ersetzt. Die heutige **Blumenpagode** *(Huata)* ist achteckig, hat neun Stockwerke und ragt schlank und mit vielen Holzdekorationen geschmückt 57 m in die Höhe. Klettert man innen über die Treppen nach oben, so stellt man erstaunt fest, dass nach dem Erdgeschoss jedes von außen erkennbare Stockwerk noch einmal unterteilt ist, sodass im Innern 17 Etagen erstiegen werden müssen.

HUAISHENG-MOSCHEE I

Die 637 gegründete Moschee in der Guangta Lu belegt Kantons frühe Verbindungen zur Welt. Aus Pekinger Sicht war immer die Seidenstraße durch die Wüsten Nordwestchinas die wichtigste Handelsroute, sodass China trotz seiner langen Küste als Landmacht gilt. Dabei wird jedoch unterschlagen, dass der Süden einen ausgedehnten Handel mit Fürstentümern in Südostasien, Indien und selbst Arabien pflegte, sodass man auch von einer »Seidenstraße auf dem Meer« sprechen kann. Wie in Xi'an blieben die fremden Händler Monate, oft Jahre. Und damals zeigte sich China wohl toleranter, denn auch Angehörigen fremder Religionen wurden eigene Gebetshäuser zugestanden. Das interessanteste Bauwerk der Moschee ist ihr 36 m hohes, rundes Minarett, das aus zwei aufeinander gesetzten Türmen mit einer kleinen Kuppel besteht.

AHNENTEMPEL DER FAMILIE CHEN J

Im Ahnentempel *(Chenjiaci)* wurden einst die Ahnentafeln des ganzen Großklans aufbewahrt, aber auch die jungen Klanmitglieder auf die Beamtenprüfungen der Provinz vorbereitet. Die riesige Anlage entstand zwischen 1890 und 1894 mit sechs Höfen und neun Hallen. Von der KP wurde die Ahnenverehrung heftig bekämpft, sodass der Tempel als Lagerhalle benutzt wurde, bevor man sich 1958 eines Besseren besann. Die Anlage wurde restauriert und zum Volkskundemuseum für Kunsthandwerk umgebaut. Sehenswert sind vor allem die Gebäudedekorationen, insbesondere die überladenen Firste. Im typischen südchinesischen Stil werden ganze Legenden und Familiengeschichten mit Tonfiguren dargestellt (tgl. 8.30 bis 17.30 Uhr). › mehr S. 18 Punkt 36

DER SÜDEN KANTONS

Ein anderer traditioneller buddhistischer Tempel liegt weiter südlich: der im Jahr 526 von indischen Mönchen gegründete **Hualin-Tempel** K. Die heutige Anlage stammt jedoch aus der Qing-Dynastie. Sie besitzt eine Halle mit sehr lebhaft dargestellten 500 Luohan. Attraktion ist hier eine Figur mit breitkrempigem Hut rechts vom Altar. Sie soll Marco Polo nachempfunden sein, der im Auftrag des Großen Khans weite Teile Chinas bereiste.

Eigentlich heißt die 1888 eingeweihte römisch-katholische Kathedrale Kirche des Heiligen Herzens Jesu. Doch bekannt ist sie eher als **Steinhaus** L *(Shishi, offiziell Shengxin Dajiaotang)*, weil sie nach Plänen des französischen Architekten Guillemin ganz aus grauem Granit erbaut wurde. Der Bau ist die größte christliche Kirche Chinas.

Wenn Sie von der Kirche zum Perlfluss hinuntergehen, gelangen Sie an die baumbestandene Promenade, über die im letzten Jahrhundert die vornehmen Damen und Herren wandelten und die sich inzwischen in eine hektische Einkaufsgegend verwandelte. Weiter flussaufwärts zweigt rechts die Einkaufsstraße Renmin Nanlu ab. Dann folgt rechts der **Kulturpark** M, in dem sich in den heißen Abendstunden Tausende bei Opern, Stehimbissen, Tischtennis und anderem vergnügen.

Nicht weit davon entfernt ist der **Qingping-Markt** N, der nach der Wirtschaftsreform von 1978 einer der ersten »freien Märkte« des Landes war. Die Kantonesen nahmen dies in Bezug auf potenzielle Delikatessen ganz wörtlich: Nicht nur lebendes Geflügel, sondern auch Schildkröten, Schlangen und gelegentlich Affen wurden feilgeboten. Heute ist das Angebot weitgehend einer riesigen Auswahl von Heilkräutern für die traditionelle chinesische Medizin gewichen.

Durch einen schmalen Kanal ist die Insel **Shamian** O vom Ufer ge-

Historische Prachtbauten europäischer Kolonialmächte prägt die Insel Shamian

trennt. Schon in der Ming-Dynastie legten an der »Sandbank« die Schiffe ausländischer Händler an. Im 18./19. Jh. durften westliche Kaufleute in China nur hier Lagerhallen und Fabriken errichten. Nach dem Opiumkrieg erzwangen die europäischen Kolonialmächte einen exterritorialen Status. Briten und Franzosen hinterließen Villen und Handelsbüros, Banken und Hotels; andere Nationen eröffneten Konsulate. Chinesen benötigten damals eine Genehmigung zum Betreten der Insel und mussten sie vor 22 Uhr wieder verlassen haben, weil dann die Gittertore an den Brücken geschlossen wurden. 1949 übernahm die Volksrepublik die Insel wieder. Doch auch später hatte mancher Chinese den Eindruck, hier sei fremdes Gebiet. Im Jahr 1983 eröffnete direkt am Ufer mit dem White Swan Hotel nämlich das erste mit ausländischen Partnern betriebene Luxushotel außerhalb Pekings seine Pforten. Noch heute gibt es hier viele Konsulate, außerdem sind die historischen Villen, romantischen Parks und Alleen vor allem bei chinesischen Reisenden sehr beliebt.

INFO

Kanton verfügt momentan über 14 **U-Bahn-Linien**, weitere werden gebaut. Zu den zentral gelegenen Sehenswürdigkeiten führen die Linien 1 und 2. Die Fahrkartenpreise variieren zwischen 2 und 14 Yuan. Es gibt Einzelfahrscheine oder wieder aufladbare Smartcards.

HOTELS

White Swan €€€

Das Hotel überzeugt durch seine Lage direkt am Perlfluss, mit Shoppingarkaden, Außenpool, Fitnesscenter sowie mehreren Restaurants und Bars.

- 1 Nanlu | Shamian
  Kanton | Tel. 020/81 88 69 68
  www.whiteswanhotel.com

Jianguo Hotel €€
Gute Verkehrsanbindung in zentraler Lage, moderne Ausstattung und mehrere Restaurants sorgen für einen entspannten Aufenthalt.
- 172 Linhe Road | Kanton
  Tel. 020/83 93 63 88
  www.jianguoguangzhou.com

Victory €
Das große Haus im Norden der Insel Shamian hat viel von seinem nostalgischen viktorianischen Charme bewahrt. Hinter der imposanten Fassade warten gemütliche Zimmer.
- 53 Shamian North Street
  Shamian | Kanton
  Tel. 020/81 21 66 88
  www.guangdongvictoryhotel.com

RESTAURANTS

Guangzhou €€€
Hier bereiten die Köche Spanferkel, Enten und Gänse besonders schmackhaft zu, außerdem gibt es saisonale Spezialitäten. Im wunderschönen Innenhof plätschert ein Wasserfall.
- 2 Wenchang Nanlu | Kanton
  Tel. 020/81 38 03 88

Dasanyuan €€
Traditionsrestaurant mit südchinesischen Spezialitäten.
- 260 Changti Lu | Kanton
  Tel. 0 20/81 88 32 77

Panxi €€
Das Gartenrestaurant ist bekannt für *dim sum* und Meeresfrüchte.
- 151 Longjin Xilu | Kanton
  Tel. 020/81 72 13 28

Tao Tao Ju €€
Im vor über 100 Jahren gegründeten Restaurant speist man im Ambiente eines Akademiegebäudes aus dem 17. Jh.
Sonntags finden Dim-Sum-Bankette statt.
- 22 Dishifu Lu | Kanton
  Tel. 020/81 39 91 00

NACHTLEBEN

Viele **Bars und Pubs** haben sich in der Binjiang Xilu am Perfluss, in der zentral gelegenen Huanshi Xilu sowie in der Bai'e Tan angesiedelt.

Romantisch kann eine nächtliche **Schifffahrt** mit Abendessen auf dem Perlfluss sein (Abfahrt vom Da Shatu Dock, Yanjiang Xilu).

SHOPPING

Ganz Kanton scheint ein einziges Kaufhaus zu sein, auf jeden Fall ist es ein Shoppingparadies: In der Nähe vom Perlfluss haben zahlreiche, auch **ältere Läden** ihre Adresse in der Yide Lu. **Neue Boutiquen** findet man dagegen eher in den Fußgängerzonen, der Beijing Lu und der Shangxiajiu Lu. Der **Freundschaftsladen,** der größte des Landes, hat seinen Sitz in der 369 Huanshi Donglu, ein großer **Kunsthandwerkladen** in lädt in der 555 Dongfeng Lu zum Herumstöbern ein. **Antiquitäten** kauft man am besten im Guangzhou Antique Shop, 170 Wende Beilu, oder auf dem Antiquitätenmarkt in der Daihe Lu und einigen Nebenstraßen. In einer Seitenhalle des Ahnentempels der Familie Chen gibt es einen kleinen **Teeladen,** der hervorragende Teesorten im Angebot hat, die man vor dem Kauf in aller Ruhe probieren kann.

Karte S. 150

TROPISCHES HAINAN 15 ★ F16–G17

Üppig von tropischen Pflanzen bewachsen liegt die Insel Hainan südlich des chinesischen Festlandes im Meer. Im August und September ziehen häufig Taifune über das Eiland, das immer als unwirtlich und fern der chinesischen Zivilisation galt, sodass man früher Verbrecher und Staatsfeinde hierher verbannte.

Mit der Wirtschaftsreform ab 1978 gewann Hainan ein neues Leben mit der tropischen Plantagenwirtschaft von Zitrusfrüchten und als Schmuggelparadies für Luxusautos. Die mit 34 380 km^2 größte Insel Chinas wurde 1988 eigenständige Provinz, und der Tourismus begann zu blühen. Heute wird Hainan oft als »chinesisches Hawaii« bezeichnet. Die Hauptstadt **Haikou** weist noch ein paar Häuserzeilen im Kolonialstil, aber sonst kaum Sehenswürdigkeiten auf. Und so spielt sich das Urlaubsleben an den feinen Sandstränden des Südens ab, unweit der Stadt **Sanya.**

Mit Temperaturen von 20 °C bis 30 °C lockt die Tropeninsel vorwiegend chinesische Touristen an. Am **Dadonghai-Strand,** ca. 3 km von der Stadt entfernt, ist es nicht einfach, ein ruhiges Plätzchen zu finden. Mit einem gemieteten Boot lässt sich mit Glück aber noch eine einsamere Bucht entdecken.

Die **Yalong-Bucht,** ca. 30 km südöstlich von Sanya, lockt mit sanfter Brandung, klarem Wasser und einem kilometerlangen, pulvrigen, von Palmen gesäumten Sandstrand zum Sonnen, Schwimmen und Tauchen. Im Norden der Bucht kommen Schmetterlingsfreunde auf ihre Kosten.

HOTELS

DoubleTree Resort by Hilton €€€
Große Ferienanlage direkt am Strand mit Poollandschaft und Wellnessbereich, mehreren Restaurants sowie mit Karaokebar, Theater und Kino. Auch ein Golfplatz befindet sich in unmittelbarer Nähe.

- Haitang Road
  Haitang-Bucht | Sanya
  Tel. 08 98/88 82 66 66
  www.hiltonhotels.de

Intime Resort €€€
In Stadtnähe gelegenes Resort, in dem die meisten Zimmer vollen oder teilweisen Meerblick haben.

- 88 Haihua Road
  Dadonghai-Bucht | Sanya
  Tel. 08 98/88 21 08 88
  www.resortintime.com

Golden Palm €€
Chinesisch geführtes, etwas kleineres Resort, das leicht erhöht über dem Strand liegt. Sportmöglichkeiten und chinesische Wellness.

- Yalong-Bucht | Sanya
  Tel. 08 98/88 56 99 88
  www.resortgp.com/en

RESTAURANT

Yingjie Eatery €
Das typische Fischrestaurant serviert nur ganz frische Produkte und ist deswegen allgemein beliebt.

- 146-147 Xinmin Street | Sanya
  Tel. 136 97 59 59 39

EXTRA-TOUREN

Hongkong ist wegen des Wegs auf den Lions Rock oberhalb von Shatin auch ein lohnendes Ziel für Wanderer

TOUR 12

CHINA KOMPAKT IN 10–14 TAGEN

ROUTE: Peking › Xi'an › Shanghai › Guilin › Hongkong (oder umgekehrt)

KARTE: Klappe hinten
DAUER: Flugzeit jeweils ein bis zwei Stunden.
VERKEHRSMITTEL: Die großen Entfernungen zwischen den Städten sind in kurzer Zeit nur per Flugzeug zu bewältigen.

Die ideale Route, um das Reich der Mitte kennenzulernen, beschränkt sich auf die wichtigsten Zentren und führt dabei sowohl zu den kulturhistorischen Schätzen Pekings und Xi'ans als auch in die modernen, dynamischen Metropolen Shanghai und Hongkong. In Guilin inmitten der Kegelkarstlandschaft erhält man darüber hinaus einen guten Eindruck von der atemberaubenden Natur in China. Zeit für Streifzüge jenseits ausgetretener Pfade bleibt aber während einer zwei wöchigen Reise kaum. Und das Besichtigungsprogramm an den einzelnen Tage ist ambitioniert.

Am ersten Tag in **Peking** › S. 60 verschafft man sich zunächst einen Überblick auf dem **Tian'anmen-Platz** › S. 61, besichtigt den **Kaiserpalast** › S. 62 und bummelt durch den **Beihai-Park** › S. 67 weiter nach Norden, wo man an den Hinteren Seen den Tag ausklingen lassen kann. Einen weiteren Tag braucht man für den Ausflug mit einer Kombination **Große Mauer** › S. 79 und **Ming-Gräber** › S. 78, abends könnten in der Hauptstadt dann noch Pekingente oder Pekingoper auf dem Programm stehen. Am dritten Tag muss man sich angesichts des Verkehrs ziemlich anstrengen, um **Himmelstempel** › S. 70, **Lamatempel** › S. 69 und **Sommerpalast** › S. 71 zu schaffen.

Im knapp 1000 km entfernten **Xi'an** › S. 87 braucht man einen guten halben Tag für die Innenstadt und die zweite Hälfte für die Attraktionen jenseits der Stadtmauer. Der Ausflug zur **Terrakottaarmee** › S. 94 steht am nächsten Tag auf dem Programm. Die Hauptsehenswürdigkeiten **Shanghais** › S. 105 sind zwar an einem Tag zu bewältigen, man sollte sich allerdings mehr Zeit für einen Besuch im Shanghai Museum oder für einen Einkaufsbummel auf der Nanjing Lu gönnen. In **Guilin** › S. 137 lockt vor allem eine malerische Fahrt auf dem **Li-Fluss** › S. 139. In **Hongkong** › S. 151 bummelt man beiderseits des Hafens durch Hochhausschluchten und Einkaufsstraßen, sollte aber den **Western District** › S. 154 mit dem Man-Mo-Tempel und die abendliche Aussicht vom **Peak** › S. 155 nicht verpassen.

TOUR 13

CHINA KOMPLETT IN 3 WOCHEN

ROUTE: Peking > Xi'an > Luoyang > Shanghai > Suzhou > Shanghai > Hangzhou > Guilin > Kanton > Hongkong > Sanya

KARTE: Klappe hinten
DAUER: Flugzeit jeweils ein bis zwei Stunden.
VERKEHRSMITTEL: Die großen Entfernungen sind in kurzer Zeit nur per Flugzeug zu bewältigen. Ausnahme ist die Region Shanghai, in der man mit dem Zug nach Suzhou (0,5–1,5 Std.) und Hangzhou (1–2 Std.) fahren kann.

Eine solche dreiwöchige Reise muss gut organisiert sein, wobei man vielleicht sogar auf das eine oder andere Ziel verzichten muss. Beginnt man in **Peking** > S. 60, so liegen die Besichtigungen kultureller Stätten am Anfang, während es gegen Ende der Reise etwas entspannter zugeht.

Das Programm in den bei > Tour 12 beschriebenen Städten wird sich kaum ausdehnen lassen. Aus der Riesenstadt **Shanghai** > S. 105 kann man je nach Begeisterung für chinesische Gärten einen Tagesausflug oder einen Kurztrip mit Übernachtung per Zug unternehmen. Ein Spaziergang durch die vielfältigen Gärten von **Suzhou** > S. 122 ist sehr entspannend. Auch der

Das Zentrum des Buddhismus in Sanya auf Hainan ist Quan Yin

weite **Westsee** in **Hangzhou** › S. 116 steht in schönem Kontrast zu den hektischen Städten. Nach der ebenfalls erholsamen Flussfahrt auf dem Li bei **Guilin** › S. 137 hat man neue Kraft für die pulsierende Großstadt **Kanton** › S. 159 getankt, in der man nochmals in die Welt der Tempel und Klöster eintaucht. Sowohl von Kanton als auch von Hongkong aus gibt es Flüge nach **Sanya** auf der Insel **Hainan** › S. 168 für ein paar Strandtage zusätzlich.

TOUR 14

AUF DEN SPUREN DES BUDDHISMUS

ROUTE: Peking › Chengde › Peking › Datong › Wutaishan › Taiyuan › Xi'an › Luoyang › Shaolin-Kloster › Shanghai › Hangzhou › Huangshan › Chengdu › Kanton › Hongkong

KARTE: Klappe hinten
DAUER: drei–vier Wochen
Peking › Chengde › Peking jew. 4–5 Std. per Zug; **Peking › Datong** 4–6 Std. per Bus oder Zug; **Datong › Wutaishan › Taiyuan** organisierter Ausflug per Bus 2 Tage; **Taiyuan › Xi'an** Tagesreise (ca. 10 Std.) per Bus oder 1 Std. Flug; **Xi'an › Luoyang** 1 Std. Flug, Tagesausflug zum **Shaolin-Kloster; Luoyang › Shanghai** 2 Std. Flug; **Shanghai › Hangzhou** 1–2 Std. Zug, organisierter 2- bis 3-tägiger Ausflug zum **Huangshan; Hangzhou › Chengdu** 3 Std. Flug; **Chengdu › Kanton** 2,5 Std. Flug; **Kanton › Hongkong** 2 Std. Zug.
VERKEHRSMITTEL: Für längere Strecken empfiehlt sich ein Flug. Kürzere Distanzen sind gut mit Zug oder Bus zu bewältigen, vor allem sieht man unterwegs etwas von Land und Leuten. Wer nicht viel Zeit hat, sollte die Reise im Voraus bei einem spezialisierten Reisebüro zu Hause oder in China buchen. Ohne chinesische Sprachkenntnisse ist ein Dolmetscher hilfreich, aber es geht auch mit Zeichensprache und Geduld.

Trotz Religionsfreiheit ist China ein weitgehend atheistischer Staat. Die meisten Menschen betrachten Tempel und heilige Berge als Museen und Sehenswürdigkeiten. Anders in Hongkong, wo viele Tempel von echtem religiösem Leben erfüllt sind.

In **Peking** › S. 60 ist der wichtigste buddhistische Tempel der **Lamatempel** › S. 69, in dem einst Hunderte von Mönchen aus Tibet und der Mongolei lebten. Vor allem in der Qing-Dynastie gab es eine enge Allianz zwischen der chinesischen Monarchie und dem tibetischen Adel, zu dem auch der

Dalai Lama gehörte. Deshalb sind auch die meisten Tempel in **Chengde** K2 tibetisch. Denn Chengde war der Ort des Sommerpalastes der mandschurischen Monarchen.

Buddhisten können sich Verdienste für das nächste Leben erwerben, wenn sie im jetzigen besondere Mühen auf sich nehmen. Dazu gehören auch anstrengende Pilgerreisen, beispielsweise auf abgelegene hohe Berge. Zu den vier heiligen Bergen der Buddhisten gehören der Emeishan C10 160 km südwestlich von Chengdu, der Putuoshan N9 auf einer Insel vor Ningbo an der chinesischen Küste, der Jiuhuashan K9 50 km westlich von Hangzhou sowie der **Wutaishan** H3 300 km südwestlich von Peking zwischen Datong und Taiyuan. Letzterer ist am einfachsten zu erreichen und deshalb Teil dieser Tour.

Nicht zu den heiligen Bergen gehört der **Huangshan** › S. 121, 280 km westlich von Hangzhou, aber er ist der bekannteste und vielleicht idyllischste Berg Chinas, vielfach von Dichtern besungen und von Malern auf Reispapier gebannt.

Die **Longmen-Höhlentempel** › S. 98 bei Luoyang gehören zu den frühesten buddhistischen Stätten Chinas und entstanden über etwa 400 Jahre, sodass hier auch stilistische Veränderungen in der buddhistischen Kunst zu erkennen sind. In **Shanghai** › S. 105 gehören die beiden Figuren im **Jadebuddha-Tempel** › S. 110 zu den wertvollsten und schönsten des Landes.

Chengdu C10, die Hauptstadt der Provinz Sichuan, ist nicht nur Ausgangspunkt zur Besteigung des heilgen Bergs Emeishan, sondern auch für einen Abstecher von 80 km zum 71 m hohen sitzenden **Buddha von Leshan,** der gelassen auf den Fluss zu seinen Füßen schaut.

Kanton › S. 159 wartet mit historischen Tempeln auf, doch das richtige Alltagsleben tiefgläubiger Buddhisten findet man erst wieder in **Hongkong** › S. 151, wo das **Po-Lin-Kloster** › S. 158 auf der Insel Lantau den größten frei stehenden Bronzebuddha Südostasiens aufzuweisen hat.

TOUR 15

GÄRTEN ZWISCHEN NATUR UND KUNST

ROUTE: Peking › Chengde › Peking › Shanghai › Suzhou › Wuxi › Shanghai › Kunming › Guilin › Hongkong › Macau › Hongkong

KARTE: Klappe hinten
DAUER: ca. drei Wochen

Karte: Klappe hinten

Peking > **Chengde** > **Peking** jew. 4–5 Std. per Zug; **Peking** > **Shanghai** 2 Std. Flug; **Shanghai** > **Suzhou** ca. 0,5–1,5 Std. Zug, Busausflug nach **Wuxi; Shanghai** > **Kunming** 3 Std. Flug; **Kunming** > **Guilin** 1,5 Std. Flug; **Guilin** > **Hongkong** 1,5 Std. Flug, Tagesausflug nach **Macau**
VERKEHRSMITTEL: Die Entfernungen zwischen den einzelnen Städten überwindet man mit Flugzeug oder Zug. Nach Wuxi fahren Busse. Es empfiehlt sich, auch diese Reise im Vorhinein bei einem spezialisierten Reisebüro in Europa oder China zu buchen. Ohne chinesische Sprachkenntnisse ist ein Dolmetscher hilfreich.

Graue Felsen statt bunter Blumenbeete, Pavillons und Mauern statt weiter Rasenflächen und mächtiger Bäume. In Chinesischen Gärten > S. 123 steht nicht die prächtige Entfaltung der Natur im Vordergrund, sondern das durchdachte Arrangement von Aussichtspunkten, Ziersteinen, Pflanzen und Bauten. Das Ergebnis wirkt gleichermaßen künstlich wie zauberhaft. Das spezielle Verhältnis von Kunst und Natur lässt sich in Gärten verschiedener Größe und Bestimmung anschaulich erleben.

Auch die **Sommerpaläste** in **Peking** > S. 71 und **Chengde** K2, in denen der Hof die heißen Sommermonate verbrachte, sind nach chinesischer Auffassung in erster Linie Gärten, wenn auch sehr ausgedehnte. Entsprechend groß sind die flachen Seen, die von überdachten Wandelgängen und Pavillons begrenzt werden. Der **Botanische Garten** J2 am Fuß der Westberge bei Peking folgt eher der britischen Idee, Pflanzen aus verschiedenen Regionen der Welt zu sammeln und mit lateinischer Beschriftung dem Publikum zugänglich zu machen.

Der **Yu-Garten** > S. 111 im alten Chinesenviertel Shanghais ist der erste ummauerte, klassische Garten auf dieser Tour. In **Suzhou** > S. 122 kann man tagelang unterschiedliche Gärten erkunden und immer wieder überraschende Details entdecken. Ein Abstecher zum **Taihu** L/M8, dem drittgrößten See Chinas, westlich von Suzhou und Wuxi, führt dorthin, wo die skurrilen Steine, die in keinem chinesischen Garten fehlen dürfen, ihre Form erhalten. Für 10 bis 15 Jahre werden sie im See versenkt, damit das Wasser sein künstlerisches Werk vollenden kann.

Die Landschaft beiderseits des **Li-Flusses** > S. 139 wirkt ebenfalls wie Kunst und nicht Natur. Doch tatsächlich hat hier, wie auch im **Steinwald** bei **Kunming** > S. 143, vor Millionen von Jahren abfließendes Wasser den porösen Kalkstein mit den bizzaren Formen hinterlassen.

Der **Hongkonger Botanische Garten** > S. 154 stammt aus der kolonialen Tradition, **Hong Kong Park** > S. 154 und **Kowloon Park** > S. 156 sind moderne Mischformen. Also muss man einen Ausflug über die Mündung des Perlflusses nach **Macau** > S. 150 machen, um mit dem Lou Lim Ioc noch einmal einen klassischen chinesischen Garten zu sehen.

INFOS VON A–Z

ÄRZTLICHE VERSORGUNG

In Großstädten ist die medizinische Versorgung für Ausländer kein Problem – wenden Sie sich im Notfall an Ihr Hotel. Regelmäßig benötigte Medikamente sollten Sie von zu Hause mitbringen. Apotheken führen meist eine Mischung aus traditioneller Medizin, chinesischen und importierten Medikamenten. Behandlung und Medikamente müssen sofort bezahlt werden. Der Abschluss einer Reisekrankenversicherung ist zu empfehlen.

Die häufigste Erkrankung bleibt aber – infolge der Vorliebe für eiskalte Klimaanlagen – der gemeine Schnupfen.

DEVISENBESTIMMUNGEN

Die Ein- und Ausfuhr der Landeswährung Renminbi (RMB) ist bis zu 6000 Yuan gestattet. Bei der Ausreise kann eine eventuelle Restsumme gegen Vorlage eines Umtauschbeleges zurückgetauscht werden. Die Einfuhr von Fremdwährungen ist auf 5000 Dollar beschränkt.

DIPLOMATISCHE VERTRETUNGEN

- **Deutsche Botschaft,** 17 Dongzhimenwai Dajie, Peking, Tel. 0 10/85 32 90 00, Not-Bereitschaftsdienst, Tel. 0 10/85 32 92 00, www.peking.diplo.de
- Deutsche **Generalkonsulate** gibt es in Shanghai, Kanton, Chengdu und Hongkong.
- **Österreichische Botschaft,** 5 Xiushui Nanjie, Jianguomenwai, Peking, Tel. 0 10/65 32 98 69, www.aussenministerium.at/peking
- **Schweizer Botschaft,** 3 Sanlitun Dongwujie, Peking, Tel. 0 10/85 32 88 88, www.eda.admin.ch/beijing

EINREISE

Die Einreise ist nur mit gültigem Visum möglich. Antragsformulare können bei den diplomatischen Vertretungen Chinas im Heimatland (Berlin, Hamburg, Frankfurt, München, Wien, Bern und Zürich) oder im Internet (www.china-botschaft.de, www.chinaembassy.at sowie http://ch.china-embassy.org) angefordert werden. Bei der Einreise wird eine ausgefüllte Entry/Exit Card mit persönlichen Daten und der Hoteladresse in China verlangt.

ELEKTRIZITÄT

Die Spannung ist landesweit 220 Volt, doch die Steckdosen können sich beträchtlich unterscheiden. Hotels verleihen in der Regel Adapter *(chatou)*.

FEIERTAGE

Die traditionellen Feiertage werden nach dem Mondkalender festgelegt, schwanken also im Datum. Bei den gesetzlichen Feiertagen betrifft dies jedoch nur das Neujahrsfest Mitte Januar bis Mitte Februar > auch S. 38.

Rund um den Nationalfeiertag und das Neujahrsfest gibt es die sog. »Goldene Woche« – viele Chinesen haben frei und nutzen die Zeit für Reisen im Land.

- 1. Januar: Neujahr
- Januar/Februar: chinesisches Neujahr, drei Tage frei
- 8. März: Frauentag, halber Tag frei für Frauen
- 1. Mai (Tag der Arbeit)
- 1. Oktober (Nationalfeiertag)

GELD, WÄHRUNG, UMTAUSCH

Die chinesische Währung heißt Renminbi (RMB), was »Volksgeld« bedeutet. Gezählt wird sie in Yuan, wobei sich ein Yuan in 10 Jiao oder 100 Fen unterteilt. Es sind Noten von 100, 50, 20, 10, 5, 2 und 1 Yuan sowie 5, 2 und 1 Jiao im Umlauf, dazu Aluchips von 1, 2, 5, 10 und 50 Fen sowie eine 1-Yuan-Münze. In Hongkong bezahlt man mit dem Hongkong-Dollar (HKD), der sich in 100 Cents unterteilt. Es gibt Banknoten zu 10, 20, 50, 100, 500 und 1000 HK$, Münzen zu 10, 20 und 50 Cents sowie zu 1, 2, 5 und 10 HK$.

Auf der Reise haben sich Bargeld und Reiseschecks in Euro bewährt – bei letzteren gibt es jedoch wegen Fälschungsverdachts u. U. Probleme bei der Einlösung. In großen Banken und Hotels werden auch andere bekannte und stabile Währungen getauscht.

Die gängigen Kreditkarten finden immer größere Verbreitung. In internationalen Hotels und großen Touristenläden werden sie akzeptiert, nicht aber in staatlichen Warenhäusern und außerhalb der großen Städte.

In den großen Städten gibt es Geldautomaten, an denen man mit einer Bankkarte rund um die Uhr Bargeld erhält. Geld wechseln können Sie in den meisten Hotels.

IMPFUNGEN

Impfungen sind für die Einreise nicht vorgeschrieben, aber das Auswärtige Amt empfiehlt Impfungen gegen Tetanus, Diphtherie, Pertussis, Polio, Mumps, Masern, Röteln, Influenza und Hepatitis A, bei Langzeitaufenthalten von über drei Monaten auch Hepatitis B sowie ggf. Tollwut sowie Japanische Enzephalitis und Typhus. Weiter Auskünfte zu Impfungen erteilen Tropenmediziner unter: www.dtg.org und www.frm-web.de.

URLAUBSKASSE

• Tasse Kaffee	2–10 €
• Softdrink	0,30–5 €
• Flasche Bier	1–5 €
• Imbiss (Menü)	1–5 €
• Kugel Eis	0,50–3 €
• Taxifahrt (pro km)	0,20–0,40 €
• Mietwagen mit Chauffeur/Tag	50–100 €
• 1 Liter Benzin	0,95 €

INFORMATIONEN

- Das **Fremdenverkehrsamt der VR China** ist zuständig für Deutschland, Österreich und die Schweiz und versendet Broschüren: Ilkenhansstr. 6, 60433 Frankfurt/M., www.china-tourism.de, Tel. 069/52 01 35.
- Infomaterial zu Hongkong erhält man beim **Hong Kong Tourism Board,** Dreieichstraße 59, 60594 Frankfurt/M., Tel. 069/959 12 90, www.discoverhongkong.com/german.

INTERNET

In China ist das Smartphone Telekommunikationsmittel Nummer eins. Kostenloses WLAN ist fast überall in den Städten selbstverständlich, Zensur allerdings ebenfalls. Google (auch Maps, Youtube und Gmail) sowie Facebook und Twitter funktionieren derzeit nicht. Wer bereits zu Hause ein VPN installiert, schlägt der »Großen Firewall« oft ein Schnippchen.

ÖFFNUNGSZEITEN

Für Geschäfte gibt es keine vorgeschriebenen Öffnungszeiten. Staatliche Läden haben die Zeiten am Eingang angeschlagen und sind täglich von 9–20 Uhr geöffnet, private Läden haben oft etwas länger geöffnet. Auf Märkten liegt die Ware in der Regel ab 6 Uhr aus. Die meisten Restaurants sind von vormittags (z. T. bereits ab 7 Uhr morgens) und nach einer Mittagspause bis ca. 23 Uhr geöffnet.

Banken öffnen meist 9–12 und 14 bis 17 Uhr, große Postämter 8–19 Uhr, kleinere kürzer. Die meisten Museen haben im Sommer 10–17, im Winter bis 16 Uhr geöffnet und sind Mo geschlossen; andere Sehenswürdigkeiten haben unterschiedliche Öffnungszeiten, aber im Sommer meist 9–17, im Winter 9–16 Uhr geöffnet. Dennoch sind kurzfristige Änderungen der Öffnungszeiten möglich.

SICHERHEIT

Aufgrund strenger Kontrollen gilt China als recht sicheres Reiseland. Aktuelle Auskünfte erteilt das Auswärtige Amt unter www.auswaertiges-amt.de.

TAXI

In Städten ist es kein Problem, ein Taxi zu bekommen. Sie warten vor Hotels, können auf der Straße angehalten oder telefonisch bestellt werden.

Alle müssen ihre Taxameter einschalten; es gibt eine Grundgebühr und einen streckenabhängigen Preis, der sich an der Autogröße orientiert und im hinteren Fenster angeschlagen ist. Bei Nachtfahrten und außerhalb der Innenstädte können Zuschläge erhoben werden; mautpflichtige Straßen sind extra zu bezahlen.

Taxifahrer berherrschen meist keine Fremdsprache. Zeigen Sie eine Visitenkarte mit der Hoteladresse, und lassen Sie sich Ziele in Schriftzeichen notieren.

TELEFON

Die großen internationalen Hotels verfügen über ein Direktwahlsystem, berechnen aber hohe Gebühren. Günstiger sind Telefonkarten, die man bei Postämtern, an Kiosken und manchmal auch in Hotels erhält. Internationale Vorwahlen lauten: 0049 (Deutschland), 0043 (Österreich), 0041 (Schweiz), 0086 (China).

Handys sind weit verbreitet. Die zwei großen Netzbetreiber des Landes (China Telecom und China Unicom) arbeiten nach dem Standard GSM900. Bei Ihrem Netzbetreiber erfahren Sie Näheres über spezielle Roamingbedingungen. Die Gebühren sind allerdings hoch. Lokale SIM-Karten unterliegen der Zensur. Am besten bestellt man vor Reiseantritt die Travel SIM Welt (www.travelsim.de), z.B. ein Datenpaket mit 3 GB (26 €). So geht es ohne Zensur. Außerdem sollte man sich die App WeChat installieren, die chinesische Alternative zu WhatsApp, das in China nicht funktioniert. Damit telefoniert man weltweit kostenlos. Chinesische Mobilnummern sind 11-stellig und beginnen mit 13, 14, 15, 16, 17, 18 oder 19.

TRINKGELD

Trinkgeld, das die niedrigen Löhne aufbessert, ist inzwischen auch in China üblich. Nur in nicht touristischen ländlichen Regionen ruft Trinkgeld noch Verwunderung hervor und wird abgelehnt.

ZEIT

Die Zeitverschiebung zu Mitteleuropa beträgt MEZ + 7 Std., während der Sommerzeit + 6 Std.

ZOLL

Die Einfuhr von Waffen, Rauschgift und Pornografie (weite Auslegung) ist verboten. Bei DVDs und Druckwerken kann es Probleme geben. Zwei Flaschen Spirituosen (0,75 l) und 400 Zigaretten dürfen zollfrei eingeführt werden. Verboten ist die Ausfuhr von Produkten aus wild lebenden Tieren bzw. Teilen von ihnen, z. B. Elfenbein. Bei der Wiedereinreise ins Heimatland dürfen Geschenke bis zu einem Wert von 430 € bzw. 300 CHF zollfrei eingeführt werden.

Antiquitäten, die über 100 Jahre alt sind, dürfen Ausländer nicht ausführen. Jüngere Stücke müssen das Exportsiegel eines offiziellen Antiquitätengeschäfts tragen. Die Quittung muss beim Zoll vorgelegt werden. Vor Imitationen sind Sie nirgends sicher. Der europäische Zoll achtet bei der Wiedereinreise auch auf Fälschungen (Uhren, Taschen etc.), die illegale Einfuhr wird bestraft. > mehr S. 19 Punkt 50

REGISTER

Ai Weiwei
Amitabha 43
Andreu, Paul 73

Badaling 79
Bai Juyi 118
Baisha 146
Banpo 93
Bodhisattwa 43, 45
Buddha von Leshan 173
Buddhismus 45, 48

Cao Xueqin 65
Chengde 172, 173, 174
Chengdu 12, 173
Chiang Kaishek 36, 160
Chipperfield, David 109
Chongqing 14, 32, **130**
Cixi 35, 65, 66, 67

Dalai Lama 36, 67, 69, 172
Dali 144
Daoismus 44
Datong 172
Deng Xiaoping 36
Dongchuan Red Land 17
Dschingis Khan 34

Emeishan 173

Famen-Tempel 96
Fang Lijun 511
Foster, Norman 73

Gaozong 90, 91, 96
Gartenkunst 65, **123**, 173
Gerkan, Meinhard von 73
Gong Li 51
Grab Maoling 96
Grab Qianling 96
Große Mauer 18, 28, **79**, 170
Guangxu 35
Guangzhou 160
Guanyin 43, 45
Guilin 29, 134, **137**, 170, 172

Hainan 148, **168**, 172
Hangzhou 14, 19, 101, **116**, 172, 184
• Baochu 118
• Botanischer Garten 119
• Gushan-Insel 117
• Höhle des Gelben Drachen 118
• Huagang-Park 120
• Insel im Kleinen Ozean 116
• Longjing 120
• Pagode der Sechs Harmonien 120
• Quelle der Laufenden Tiger 120
• Teemuseum 120
• Tempel der Seelenzuflucht 119
• Tempel des Generals Yue Fei 118
• Westsee 116
Han Shan 126
Han Wudi 96
Hanyang-Mausoleum 97
Herzog, Jacques 73
Hongcun 17
Hongkong 12, 15, 37, 115, 148, **151**, 170, 173, 184
• Aberdeen 155
• Central District 153
• Cheung Chau 158
• Cultural Centre 156
• Happy Valley 155
• Hillside Escalator 155
• Hollywood Road 155
• Hong Kong and Shanghai Bank 153
• Hong Kong Museum of Art 156
• Hong Kong Park **154**, 174
• International Commerce Center 156
• Kowloon 156
• Kowloon Park **156**, 174
• Lantau 157
• Li Cheng Uk 157
• Man Mo Temple 17, **155**
• Middle Kingdom 155
• Nachtmarkt Temple Street 157
• Nathan Road 156
• New Territories 157
• Pacific Place 155
• Peak 155
• Peninsula Hotel 156
• Po-Lin-Kloster 44, **158**, 173
• Repulse Bay 156
• Sam Tung Uk 157
• SoHo 115, **159**
• Space Museum 156
• Stanley 156
• Stanley Market 156
• Star Ferry 153
• Statue Square 153
• St. John's Cathedral 154
• Tai O 158
• Temple Street 157
• Ten Thousand Buddhas Temple 157
• Tin Hau Temple 157
• Victoria Harbour 159
• Vogelmarkt 157
• Wanchai 155
• Western District 154
• Western Market 155
• Wong Tai Sin Temple 44, **157**
• Zoological and Botanical Gardens **154**, 174
Huangshan 102, **121**, 173
Huineng 163

Hu Jintao 37
Huo Qubing 47, 96

J ianlong 124

K anton Guangzhou) 148, **159**, 172
- Ahnentempel der Familie Chen 18, 44, **165**
- Botanischer Garten 162
- Canton TV Tower 153, **163**
- Denkmal für Sun Yatsen 161
- Gedenkhalle für Sun Yatsen 161
- Guangxiao-Tempel 163
- Huaisheng-Moschee 164
- Hualin-Tempel 165
- Kulturpark 165
- Mausoleum des Königs von Nanyue 162
- Meeresblick-Turm 161
- Orchideengarten 161
- Qingping-Markt 165
- Shamian 165
- Steinhaus 165
- Tempel der Sechs Banyanbäume 164
- Yuexiu-Park 161

Kohlhaas, Rem 73
Konfuzianismus 42
Konfuzius 42, 43, 70
Kublai Khan 34, 35, 67, 69
Kunming 134, **139**
- Bambustempel 142
- Cuihu-Park 140
- Dian-See 142
- Drachentor 142
- Goldene Halle 142
- Halle, die den Himmel berührt 142
- Pagode des Osttempels 141
- Pagode des Westtempels 141
- Palast des Schwarzen Drachens 142
- Park der Schönen Aussicht 141
- Provinzmuseum 140
- Tempel der Drei Reinen 142
- Westberge 142
- Yuantong-Tempel 140

L aozi 43, 44, 127
Li-Fluss 29, **139**, 170, 172, 174
Li Hongqi 51
Lijiang 145
Liu Shaoqi 62
Liu Xiaodong 51
Longji 138
Longmen-Grotten 84, **98**, 173
Longsheng 16, 138, 184
Lou Lim loc 174
Luohan 43
Luoyang 84, **97**

M acau 37, 148, 150, 174
Mahjong 12, 184
Maitreya 43, 45
Mao Zedong 36, 61, **62**, 91
Märkte 80, 90
Mausoleum der Prinzessin Yongtai 96
Mausoleum Zhaoling 96, 97
Meuron, Pierre de 73
Milefo 43, 45
Ming-Gräber **78**, 170
Museum von Xianyang 97
Mutianyu 79

N axi 145

P eking 8, 10, 12, 13, 14, 18, 32, 57, **60**, 114, 170, 171, 174, 184
- Alter Sommerpalast 72
- Beihai-Park 67
- Botanischer Garten 174
- CCTV Tower 73, 153
- Dashanzi 114
- Dazhalan 62
- Denkmal für die Volkshelden 61
- Fünf-Drachen-Pavillons 67
- Glockenturm 69
- Große Halle des Volkes 61
- Himmelstempel 70
- Houhai **68**, 77, 114
- Jadeinsel 67
- Kaiserpalast 19, **62**, 170
- Kohlehügel 16, **66**
- Konfuziustempel 70
- Kunming-See 71
- Kunstfabrik 798 51, **70**, 77
- Lamatempel 44, **69**, 170, 172, 184
- Liulichang 62
- Mao-Mausoleum 61
- Marmorboot 72
- Nationalmuseum 61, 73
- Neun-Drachen-Mauer 66, 67
- Palast der Jadewellen 72
- Qianhai 68
- Runde Stadt 67
- Sanlitun 77, 114
- Silberbarrenbrücke 68
- Sommerpalast 71
- Studio zur Beruhigung der Sinne 67
- Tian'anmen-Platz 36, **61**, 170
- Tor des Himmlischen Friedens 61
- Trommelturm 69
- Ullens Center for Contemporary Art (UCCA) 71
- Weiße Dagoba 67
- Wohnhaus Soong Ching Lings 68

- Xihai 68
- Zhongnanhai 67

Pekingoper 13, 76
Pei, Ieoh Ming 153
Polo, Marco 116, 152, 165
Puyi 35, 63, 67

Qianlong 64, 66, 67, 70, 71, 72, 118
Qingdao 17
Qin Shihuangdi 34, 79, **91**, 94

Sakyamuni 43
Schilfrohrflötenhöhle 138
Seide 17, 126
Shanghai 9, 17, 101, **105**, 114, 170, 173
- Bund 107
- Fairmont Peace Hotel 107
- Fernsehturm 109
- Flughafen Pudong 109
- Gründungsstätte der Kommunistischen Partei Chinas 110
- Huaihai Lu 110, 112, 115
- Huangpu-Park 12, **108**
- Huxinting-Teehaus 111
- Jadebuddha-Tempel 44, **110**, 173
- Jinmao Observatory **109**, 153
- Luwan 110
- Nanjing Lu 112
- Nanshi 111
- Pudong 109
- Rockbund Art Museum 109
- Seezollamt 107
- Shanghai-Museum 110
- Sun-Yatsen-Museum 110
- Tianzifang 113
- Volkspark 109
- Xin Tiandi 112, 115
- Yu-Garten **111**, 174

Shangri-La (Zhongdian) 9, 14, 146
Shaolin-Kloster 17, 84, **99**
Siddharta Gautama 45
Sima Qian 94
Simatai 79
Soong Ching Ling 68, 160
Steinwald **143**, 174
Sun Yatsen 35, 68, **160**
Suzhou 14, 17, 102, **122**, 171, 174
- Doppelpagode 127
- Garten des Bescheidenen Beamten 127
- Garten des Meisters der Netze 127
- Garten des Verweilens 125
- Kloster des Kalten Berges 126
- Löwenwald 127
- Pagode des Nordtempels 126
- Pagode des Verheißungsvollen Lichts 128
- Panmen 128
- Pavillon der Azurblauen Wellen 128
- Seidenmuseum 126
- Tempel des Geheimnisses 127
- Tigerhügel 123
- Westgarten 125

Taihu 123, 125, 127, 174
Taishan 29
Taiyuan 172
Taizong 96
Tantrismus 43
Tee 119
Tempel der Weißen Pferde 99
Terrakottaarmee **94**, 170
Thermalquelle Huaqing 93
Tianshi-Dong-Kloster 12
Tigersprungschlucht 8, 10, **146**

Wang Quan'an 51
Wanli 78
Wuhan 132
Wutaishan 173
Wuxi 173, 174
Wu Zetian 90, 92

Xi'an 9, 14, 83, **87**, 170
- Geschichtsmuseum der Provinz Shaanxi 15, **90**
- Glockenturm 88
- Große Moschee 88
- Große Wildganspagode 91
- Kleine Wildganspagode 90
- Stadtmauer 88
- Trommelturm 88
- Xi'an-Beilin-Museum 88

Xishuangbanna 146
Xuanzang 92

Yang Shaobin 51
Yangshuo 12, 29, **139**
Yangzi 101, **129**
- Chongqing 130
- Drei-Schluchten-Staudamm 132
- Huangling-Tempel 132
- Kuimen-Pass 131
- Nanjin-Pass 132
- Qutang-Schlucht 131
- Sandouping 132
- Wuhan 132
- Wu-Schlucht 131
- Xiangluping 132
- Xiling-Schlucht 132
- Yichang 132

Yongle 35, 62, 78
Yongzheng 72
Yuan Shikai 35, 70, 160
Yue Minjun 51

Zhang Yimou 51, 120
Zhouzhuang 113
Zhujiajiao 113

BILDNACHWEIS

Coverfoto Miao-Dorf Langde, Guizhou, China © Huber Images/Miana, Nicolò
Fotos Umschlagrückseite © Shutterstock/FS11 (links); Shutterstock/ArtWell (Mitte); Shutterstock/4045 (rechts)

Fotolia/amenohi: 83; Fotolia/frenta: 71; Fotolia/Juhku: 16; Fotolia/Varyukhin, Yvan: 61; Fotolia/vichly4thai: 130; Fotolia/zhu difeng: 33; Getty Images/Bloomberg/Deemer, Aaron: 53; Getty Images/LightRocket/Tyler, Leisa: 28; Getty Images/Moment/broksd: 121; Getty Images/Moment/photo by dasar: 133; Getty Images/Photography by Leo Li: 18; Getty Images/Sino Images: 47; Getty Images/South China Morning Post/Williams, Martin: 169; Getty Images/UIG/Sovfoto: 144; Huber Images/4Corners Images: 30/31; Huber Images/Martino, Enrico: 100; Huber Images/Picture Finder: 54/55; Huber Images/Rellini, Maurizio: 20/21, 147; Huber Images/Vaccarella, Luigi: 6/7, 56; Imago/Zhou junxiang: 26; Jalag/Rüschendorf, Grischa: 14; laif/Haidinger, Robert: 164; laif/Riehle, Michael: 72; Lookphotos/Johaentges, Karl: 114; Lorenz, Erik: 8, 10; mauritius images/Alamy/Kadic, Bjanka: 129; mauritius images/Mattes, Rene: 166; mauritius images/nobleIMAGES/Alamy: 111; Shutterstock/4045: 116; Shutterstock/Aleksandravicius, A.: 15; Shutterstock/Alisa_Ch: 157; Shutterstock/Arkady, Chubykin: 81; Shutterstock/ArtWell: 38; Shutterstock/August_0802: 17; Shutterstock/bonandbon: 73; Shutterstock/Brandon, Mark: 98; Shutterstock/ChameleonsEye: 36; Shutterstock/chungking: 107; Shutterstock/Dazzi, Francesco: 118; Shutterstock/FS11: 23; Shutterstock/GuoZhongHua: 152; Shutterstock/HelloRF Zcool: 161; Shutterstock/Hora, Nataliya: 103; Shutterstock/Hung Chung Chih: 45, 95; Shutterstock/Indiana, Daniel: 42; Shutterstock/Kiwisoul: 171; Shutterstock/leungchopan: 49; Shutterstock/Meiqianbao: 126; Shutterstock/michelsum: 122; Shutterstock/Nika, Alexandru: 75; Shutterstock/Peek Creative Collective: 88; Shutterstock/Prudek, Daniel: 69; Shutterstock/richliy: 67; Shutterstock/rodho: 41; Shutterstock/sanyanwuji: 97; Shutterstock/Selivanov, Fedor: 35; Shutterstock/testing: 63, 77; Shutterstock/Titarenko, Andrey: 79; Shutterstock/TungCheung: 115; Shutterstock/UlyssePixel: 143; Shutterstock/upslim: 13; Shutterstock/V_E: 57; Shutterstock/Vyshnya, Taras: 9; Shutterstock/Wagemaker, Hans: 82; Shutterstock/Wang Sing: 29; Shutterstock/Yanfei Sun: 140; Shutterstock/YANGCHAO: 93; Shutterstock/Zaccherini, Claudio: 80.

Liebe Leserin, lieber Leser,
wir freuen uns, dass Sie sich für diesen POLYGLOTT on tour entschieden haben. Unsere Autorinnen und Autoren sind für Sie unterwegs und recherchieren sehr gründlich, damit Sie mit aktuellen und zuverlässigen Informationen auf Reisen gehen können. Dennoch lassen sich Fehler nie ganz ausschließen. Wir bitten Sie um Verständnis, dass der Verlag dafür keine Haftung übernehmen kann.

Ihre Meinung ist uns wichtig. Bitte schreiben Sie uns:

GRÄFE UND UNZER VERLAG
Postfach 86 03 66, 81630 München, Tel. 0 89 / 419 819 41
www.polyglott.de

LESERSERVICE
polyglott@graefe-und-unzer.de
Tel. 0 800 / 72 37 33 33 (gebührenfrei in D, A, CH), Mo–Do 9–17 Uhr, Fr 9–16 Uhr

1. Auflage 2019

Dieses Buch wurde auf chlorfrei gebleichtem Papier gedruckt.
ISBN 978-3-8464-0474-4

Verlagsleitung: Grit Müller
Verlagsredaktion: Anne-Katrin Scheiter
Autoren: Anna Gerstlacher, Erik Lorenz, Wolfgang Rössig
Redaktion: Renate Nöldeke
Bildredaktion: Stephanie Weikert
Mini-Dolmetscher: Langenscheidt
Umschlaggestaltung & Layout:
Independent Medien Design, München
Horst Moser (Artdirection), Lucie Heselich
Karten und Pläne:
Huber Kartographie GmbH
Satz: uteweber-grafikdesign
Herstellung: Anna Bäumner, Gloria Schlayer
Druck und Bindung:
Printer Trento, Italien

PEFC™
PEFC/18-31-506

GRÄFE UND UNZER

Ein Unternehmen der
GANSKE VERLAGSGRUPPE

MINI-DOLMETSCHER CHINESISCH

ALLGEMEINES

Guten Tag (allg.)	你好。[ni hau]
Auf Wiedersehen!	再见！[dsai djiän]
Wie geht's?	你好吗？[ni hau ma]
Danke, gut.	谢谢，很好。[ßiä ßiä, hen hau]
Ich heiße …	我姓。。。[wo ßing …]
hier	这里 [dsche li]
dort	那里 [na li]
geradeaus	往前走 [wang tjiän dsou]
gestern	昨天 [dsuo tiän]
heute	今天 [djin tiän]
morgen	明天 [ming tiän]
Sprechen Sie Deutsch?	你说德文吗？[ni schuo dewen ma]
Sprechen Sie Englisch?	你说英文吗？[ni schuo ingwen ma]
Ich bin Deutscher.	我是德国人。[wo schi deguo ren]
Ich verstehe nicht.	我不懂。[wo bu dung]
Sagen Sie es bitte noch einmal.	请再说一边。[tjing dsai schuo i biän]
…, bitte.	请。。。[tjing …]
danke	谢谢。[ßiä ßiä]
Keine Ursache.	不谢。[bu ßiä]
was	什么 [scheme]
wer	谁 [schuäi]
wo	在哪里 [dsai nali]
wohin	到哪里 [dau nali]
wie	怎么 [dseme]
wie viel	多少 [duoschau]
wann	什么时候 [scheme schihou]
wie lange	多长时间 [duo tschang schidjiän]
Wie heißt das?	这叫什么？[dsche djiau scheme]
Wo ist …?	。。。在哪里？[… dsai nali]
Können Sie mir helfen?	你能不能帮助我？[ni neng bu neng bangdschu wo]
ja	是的 [schi de]
nein	不 [bu]
Entschuldigen Sie.	对不起。[duäi bu tji]

SHOPPING

Wo gibt es …?	哪里有。。。？[nali jou …]
Wie viel kostet das?	这个多少钱？[dschege duoschau tjiän]
Das gefällt mir.	我很喜欢。[wo hen ßihuan]
Das gefällt mir nicht.	我不喜欢。[wo bu ßihuan]
Gibt es das in einer anderen Farbe?	这个别的颜色有没有？[dschege biäde jänse jou mej jou]
Gibt es das in einer anderen Größe?	这个别的大小有没有？[dschege biäde daßiau jou mej jou]
Ich nehme es.	我买它。[wo mai ta]
Wo ist eine Bank?	银行在哪里？[jinhang dsai nali]

ESSEN UND TRINKEN

Die Speisekarte, bitte.	请来菜单。[tjing lai tsaidan]
Kaffee	咖啡 [kafej]
grüner Tee	绿茶 [lütscha]
schwarzer Tee	红茶 [hung tscha]
Suppe	汤 [tang]
Fisch	鱼 [jü]
Meeresfrüchte	海鲜 [haißiän]
Fleisch	肉类 [roulej]
Geflügel	家禽 [djiatjin]
Reis	米饭 [mifan]
Nudeln	面条 [miän tjiau]
vegetarische Gerichte	素菜 [ssu tsai]
Obst	水果 [schuej guo]
Eis	冰淇淋 [bing tji lin]
Wein	葡萄酒 [putau djiou]
weiß	白 [bai]
rot	红 [hung]
Bier	啤酒 [pidjiou]
Wasser	水 [schuej]
Mineralwasser	矿泉水 [kuang tjü än schuej]
Frühstück	早饭 [dsau fan]
Mittagessen	午饭 [wu fan]
Abendessen	晚饭 [wan fan]
eine Kleinigkeit	小吃 [ßiaou tschö]

MEINE ENTDECKUNGEN

Teilen Sie Ihre Entdeckungen auf facebook.com/Polyglottreisewelt.

CHECKLISTE CHIINA

Nur da gewesen oder schon entdeckt?

- [ ] **SITZEN UND SCHLÜRFEN**
  Ein Drachenbrunnentee in einem Teehaus in Hangzhou, am besten mit Blick auf den Westsee – China pur. › S. 14

- [ ] **MAHJONG IM PARK**
  Das Klackern der Spielsteine hallt nicht nur durch die Grünanlagen in Peking, sondern ist überall in China zu hören. › S. 12

- [ ] **LANDSCHAFT FÜR DIE EWIGKEIT**
  Die Dong arbeiten seit Jahrhunderten mit unerschöpflicher Beharrlichkeit Terrassen aus den Bergen von Longsheng und kultivieren sie für den Reisanbau. › S. 15

- [ ] **KROSSE PEKINGENTE**
  Köstlich mit Honig mariniert, gegrillt und in leckere Soße getunkt – die Pekingente im Jingzun. › S. 76

- [ ] **FASZINIERENDE TEMPELATMOSPHÄRE**
  Außergewöhnliche Holzarchitektur in bunter Farbenpracht: Pekings Lamatempel ist eine der am besten restaurierten Tempelanlagen der Stadt. › S. 69

- [ ] **GESELLIGKEIT BEIM FEUERTOPF**
  Gemüse, Fleisch, Pilze, dazu ein Bier … und die Stunden vergehen. In der Gruppe schmeckt der Hotpot am besten. › S. 13

- [ ] **DOPPELDECKERTRAM DURCH HONGKONG**
  Von der Tram auf Hongkong Island eröffnen sich überraschende Perspektiven der hypermodernen Metropole. › S. 12

MITBRINGSEL

- **Kalligrafie-Rollbilder:** Tradition und Eleganz für die Wand zu Hause › S. 16
- **Siegelstempel:** Beeindruckender Gruß aus China mit eigenem Namenszug › S. 17